THEORY & PRACTICE OF
AUTOMOBILE CUSTOMER COMPLAINTS HANDLING

汽车用户
投诉应对
理论与实务

凯睿赛驰咨询
唐卫国　编著

北京出版集团
北京出版社

图书在版编目（CIP）数据

汽车用户投诉应对理论与实务 / 凯睿赛驰咨询，唐卫国编著. — 北京 ：北京出版社，2023.11

ISBN 978-7-200-18343-6

Ⅰ. ①汽… Ⅱ. ①凯… ②唐… Ⅲ. ①汽车—售后服务 Ⅳ. ①F407.471.5

中国国家版本馆CIP数据核字(2023)第211449号

汽车用户投诉应对理论与实务

QICHE YONGHU TOUSU YINGDUI LILUN YU SHIWU

凯睿赛驰咨询　编著
唐卫国

*

北 京 出 版 集 团
北 京 出 版 社 出版

（北京北三环中路 6 号）
邮政编码：100120

网　　址：www.bph.com.cn

北 京 出 版 集 团 总 发 行
新 华 书 店 经 销
北京建宏印刷有限公司印刷

*

170毫米×240毫米　13印张　140千字
2023 年 11 月第 1 版　2023 年 11 月第 1 次印刷

ISBN 978-7-200-18343-6

定价：58.00 元

如有印装质量问题，由本社负责调换

质量监督电话：010-58572393

主要执笔人

（以编著内容出现先后为序）

唐卫国　　张　越　　贾江伟

韩　冰　　云傲寒　　张东岭

王　春　　刘　晨　　郑　莉

马　宁　　杨　朔　　白　璐

罗　彦　　王　琳

序 言

　　汽车行业正经历前所未有的转型和变革，优质的用户体验成为品牌成功和提高产品竞争力的关键因素。消费者对汽车使用体验的预期，不只是停留在产品质量和性能上，他们还注重购车过程、售后服务和整体的品牌体验。然而，随着汽车用户体验需求的不断升级，用户体验问题逐渐浮出水面，随之而来的投诉量持续增加成为一个不可忽视的现状。

　　投诉量的增加是用户对全旅程体验需求提升的显著体现，也是对用户体验重要性的红牌警示。在当今竞争激烈的市场环境中，汽车企业、经销商和相关从业者应高度关注并积极应对用户投诉，以提升用户体验、强化品牌效应，并在市场中保持竞争力，实现可持续发展。

　　正因如此，2022年，凯睿赛驰咨询、车质网与中国标准化研究院牵头，联合市场上13家主流汽车企业，编制了T/CAS 673—2022《汽车用户投诉处理服务质量评价通则》团体标准，并于2022年12月2日由标准归口单位中国标准化协会正式发布。该标准旨在助力汽车企业提升投诉处理服务质量及终端渠道服务能力，优化企业投诉管理体系与服务管理体系，推动汽车行业投诉管理体系与服务管理体系的规范化建设，提升用户满意度。

这项团体标准的发布，引发了整车企业对投诉处理服务的新思考。面对用户反馈，汽车厂商能够提供优质、可感知的服务，这正成为企业与用户交流和建立品牌忠诚度的有效途径，并将对用户体验提升和行业发展产生重要意义。

这些新思考也是我们编著《汽车用户投诉应对理论与实务》一书的驱动力。本书旨在探讨汽车用户投诉的本质、原因和处理的知识、技巧，不仅适用于从事汽车售后服务、投诉处理的企业人员，而且适用于消费者权益保护工作人员等相关从业者，以便他们能更好地理解和应对用户投诉；本书还适用于汽车行业职业技术院校学生，以便他们进行理论学习与职业技能训练。

目前，国家高位部署职业教育改革工作，职业教育的战略定位越来越突出，职业教育的各个领域对于所需专业技能的要求也越来越具体。同时，基于私人汽车保有量的持续增加，以及整车和经销商企业自身发展需要，售后服务领域各类专业人才出现巨大缺口。在政策和市场的双重驱动下，探索职业技术院校相关专业中增加用户投诉处理技能培训内容，成为行业发展的必然。

本书是汽车行业首部聚焦投诉处理理论研究的书籍，注重理论与实践相结合，通过阐释用户投诉处理经典案例及理论等，为包括在校学生在内的读者深入理解和分析用户投诉的本质和应对机制，提供系统的理论依据。同时，通过典型实践案例分析，分享汽车企业、经销商等从业者在用户投诉应对方面的成功经验和教训，并强调以统一的标准衡量经销商用户投诉处理服务质量，为汽车企业加强经销商管理提供标准化评价工具，为经销商加强质量管理、优化服务标准化体系、提升员工服务能力等寻找突破口，启蒙在校学生的标准化意识。

此外，本书也是多方共建汽车售后服务领域新型人才培训体系的组成部分，助力实现转型培训成本的合理化均摊、强化职业技术院校与企业的协同合作，推动专项领域人才建设，让学生毕业后无缝对接到一线工作岗位，扩大汽车售后服务领域人才增量。

投诉处理并非一蹴而就，其中可能会面临各种挑战和难题。本书还深入探讨了投诉处理中的常见问题和应对策略，包括沟通技巧、冲突解决、协商谈判、媒体沟通等方面的知识。我们衷心希望《汽车用户投诉应对理论与实务》能够帮助汽车行业从业者更加从容和专业地处理投诉，为行业培养更多的专业人才，推动汽车消费环境的改善和提升。

接下来，我们还将结合本书内容，持续探索提升经销商投诉处理能力的服务新模式，有计划地推进与行业主管机构、科研院所、职业院校的合作，为汽车企业、经销商提供投诉岗位培训及人才管理服务。我们期待与读者及行业同人共同探索投诉处理的新举措，为构建一个更加公平、透明的良好汽车消费环境而努力。

由于作者水平有限，内容的深度和广度尚存在欠缺，欢迎广大同人、读者予以批评指正。

2023年10月

目　录

第一章

用户投诉量与汽车销量"同频共振"

中国汽车行业正在经历一场"完美风暴"。汽车技术变革、用户消费模式变化、服务提供者的盈利压力增大、"黑天鹅"事件频发等，让汽车市场产销量两位数增幅的盛况不复存在，2018年甚至出现了28年来（自1991年起）的首次负增长。直至2021年，中国汽车市场才走出阴霾，结束三连跌，恢复正增长。

2022年，中国汽车市场产销量分别完成2702万辆和2686万辆，同比分别增长3.6%和2.2%，连续14年排名全球首位。同期，国内领先的缺陷汽车产品信息收集及汽车消费者投诉信息受理平台"车质网"受理的有效投诉量为134,571宗，较上一年同比增长27.5%，增幅远高于汽车销量增长率。

细分市场中，新能源汽车成为新的销量增长点。2022年新能源汽车销量达688.7万辆，同比增长93.4%，市场占有率达25.6%。与此同时，新能源汽车用户投诉量与新能源汽车销量呈现同步增长态势，除质量问题外，新能源汽车产品交付的履约问题、直营模式和价格变动带来的问题也被频繁提及。

新产品、新模式、新体验的出现，使消费者对全旅程体验提出更高要求，用户反馈和投诉也更加趋于复杂化和多元化。

一、存量市场增速放缓　产品服务全旅程化

回顾近10年的发展历程，我国汽车产销量均保持在1800

万辆以上，2017年达到2888万辆，创历史新高。2018年终结
了连续多年的增长态势，经历了自1991年以来的首次负增长。

2021年，即便在多重不利因素的影响之下，中国汽车产销
量依然实现了由负转正，结束了自2018年以来的三连跌，表
现出前所未有的韧性。2022年延续了恢复性增长的态势，连续
14年排名全球汽车市场销量第一。据中国汽车工业协会预测，
2023年中国汽车市场销量将实现3%左右的增幅，继续保持稳
定发展。从长期发展来看，目前我国汽车市场仍处于普及初期
到普及中后期的过渡阶段，未来将保持平稳的增长态势。

值得关注的是，2021年和2022年，新能源汽车销量分别为
352.1万辆和688.7万辆，是带动汽车销量增长的重要新生力量，
也标志着新能源汽车进入高速发展的里程碑时刻（见图1-1）。

（单位：万辆、%）

数据来源：中国汽车工业协会

图1-1 2018—2022年中国汽车产销量及增长情况

细分市场中，合资、进口品牌在燃油车市场优势明显，占比约为2/3。得益于自主品牌在新能源车型的设计、功能适应性、本土化生产的效率突出等优势，新能源汽车市场渗透率稳步上升。数据的背后，是国家产业政策引导和消费政策扶持的赋能，使中国汽车市场呈现出与其他主要市场不同的周期性（见图1-2）。

（单位：%）

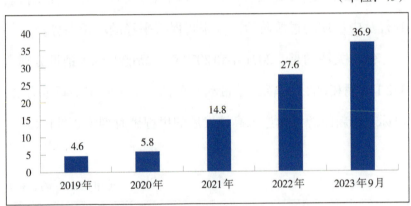

数据来源：乘用车市场信息联席会

图1-2 2019—2023年9月中国新能源汽车市场渗透率

中国汽车市场独特的周期性，还体现在消费习惯和需求的变化上。在当下，中国消费者对车辆升级的愿望依旧强烈，对全旅程体验的需求逐步提升；与此同时，随着更多高性价比车型的出现、差异化服务的推出，持理性消费观点的消费者占比也在快速增加。

首先是产品。汽车行业正在经历以“智、电”为关键字的大变革，特斯拉、新势力等品牌在这一过程中完成了初步的市场教育，智能体验已成为除外观、动力性能、空间外，影响消费者决策的核心要素之一。同时，品牌格局加速重塑。合资、进口品牌的溢价优势在新能源汽车市场逐步消失，品牌溢价优势不复存在，消费者对新能源汽车和自主品牌的认可程度日益增强，展现出国人对汽车品牌的包容度正在逐步提高。

其次是渠道。授权经销商依然是消费者购车的主要渠道，特别是在燃油车领域。但是，随着新能源汽车渗透率的持续提升和渠道的加速变革，线上线下渠道的融合作用正在凸显。消费者不再只满足于标准化服务，在购车旅程的各个阶段，对数字化、个性化、定制化的线上线下无缝衔接的全渠道服务体验，提出了更高要求。

最后是付费意愿。汽车智能化的普及，让更多消费者初步体验到了“硬件预埋、软件订阅”的全新销售模式，也丰富了智能化配置的场景覆盖度，继而对不同功能的付费意愿表现出较大的自主性。用户表现出与传统预装模式截然不同的兴趣取向，比如对座椅加热等传统机械功能的订阅模式的接受度普遍不高，而对自动泊车及高阶自动驾驶类功能订阅的兴趣较为浓厚。

二、投诉总量持续攀升　服务投诉占比增加

消费者对汽车产品和服务有着最直接的感知体验，产品智电化、服务全旅程化等消费需求的变化，以及消费者维权意识的提高，都在影响消费者的反馈。2018—2022年，车质网受理的有效投诉量从75,635宗攀升至134,571宗，这些鲜活的投诉案例为系统梳理消费者在产品及服务体验上的痛点，以及行业发展趋势都提供了重要的数据支撑（见图1-3）。

（单位：宗）

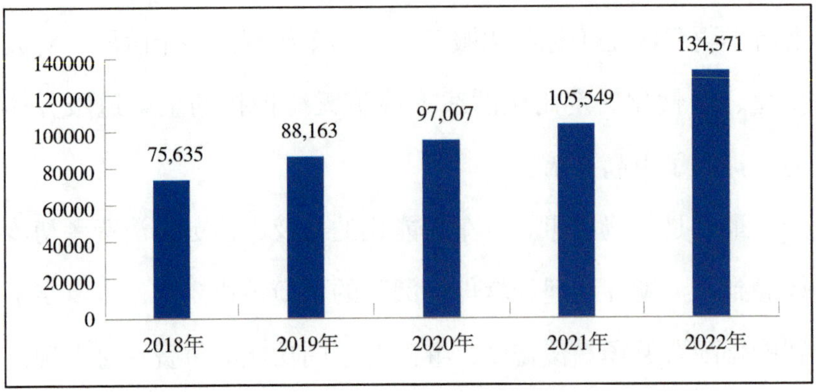

数据来源：车质网12365auto.com

图1-3　2018—2022年汽车用户有效投诉量

（一）以质量问题为主，新能源汽车投诉量快速增长

从投诉问题类型上看，近5年车质网受理的有效投诉中，质量问题投诉量排名第一，单纯质量类投诉从2018年

的61,363宗增长到2022年的76,252宗，占比从81.1%降至56.7%。从累计投诉量来看，5年间质量类投诉共计360,292宗，占比72.0%。

2018年，国内市场上新能源汽车（纯电动、插电式混合动力、油电混合动力、增程式混合动力）产量首次进入百万量级，达到127万辆。2022年，新能源汽车产量超过700万辆，而销量达到688.7万辆。与此同时，与新能源汽车相关的投诉量也呈现大幅增长的趋势。2018年新能源汽车投诉量为1323宗，2021年投诉量增长至12,830宗，同比增长164.5%，2022年投诉量继续攀升至24,210宗（见图1-4）。

（单位：宗、%）

数据来源：车质网12365auto.com

图1-4 2018—2022年新能源汽车投诉量及增长变化

在用户投诉故障点方面，新能源车型涉及204个故障点，其中动力电池故障投诉量最高，5年间累计达3724宗，其次是影音系统故障问题，累计3183宗，排在第三位的是空调问题，为2134宗（见图1-5）。

（单位：宗）

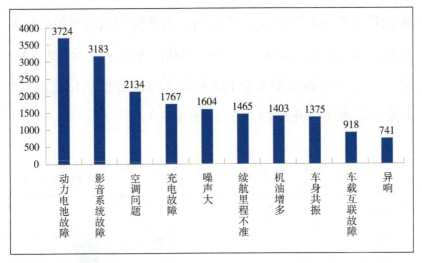

数据来源：车质网12365auto.com

图1-5　2018—2022年新能源汽车质量投诉问题TOP10

（二）服务类投诉呈上升趋势，履约问题多发

2018—2022年，单纯服务问题投诉量为89,536宗，占比约为17.9%；综合问题投诉（质量问题、服务问题及其他问题的综合投诉问题）量为46,001宗，占比约为9.2%（见图1-6）。

（单位：宗）

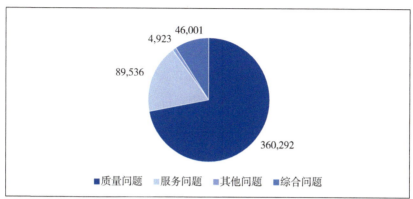

数据来源：车质网12365auto.com

图1-6　2018—2022年汽车用户投诉问题类型

具体到各年份，2018年服务问题投诉数量为5284宗，到2022年，大幅增加至48,810宗。同时，服务问题占比也再创新高，达到35.86%（见图1-7）。

（单位：宗，%）

数据来源：车质网12365auto.com

图1-7　2018—2022年服务问题投诉量及其增长情况

用户投诉的服务问题中，承诺不兑现问题投诉量增长幅度最大，2021年该问题的投诉量为4661宗，2022年投诉量猛增至12,174宗（见图1-8）。

（单位：宗）

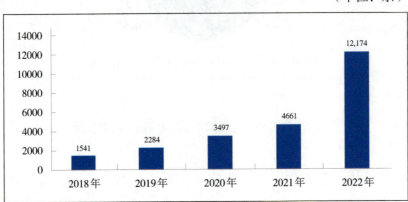

数据来源：车质网12365auto.com

图1-8　2018—2022年承诺不兑现服务问题投诉量

在承诺不兑现问题类别中，不按约交车问题点在2022年呈爆发式增长，达到8569宗，较2021年大幅增长（见图1-9）。

（三）合资品牌投诉总量最高，自主品牌增幅最大

从品牌类别来看，2018—2022年合资品牌投诉量最高，达到270,983宗，占比为54.1%，自主品牌投诉量为220,542宗，占比44.0%，进口品牌投诉量为9227宗，占比1.8%。

2018—2022年，合资品牌投诉量呈持续上升趋势，从

（单位：宗）

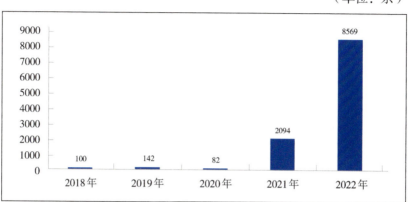

数据来源：车质网12365auto.com

图1-9　2018—2022年不按约交车服务问题点投诉量

2018年的41,231宗上升到2022年的71,983宗，涨幅达74.6%。
自主品牌投诉量从2018年的33,080宗增加到2022年的59,534
宗，涨幅约80.0%。进口品牌投诉量相对稳定，但2022年达到
了2953宗，与2021年相比，涨幅达68.8%（见图1-10）。

（四）26—35岁的青年用户是投诉主力人群，占比达56%

从投诉用户年龄来看，2018—2022年，35岁以下的
用户的投诉量显著高于其他年龄段用户，是投诉的主力人
群。其中，26—30岁用户的投诉量位居榜首，累计投诉量为
140,603宗，占比29.4%；31—35岁用户的投诉量为127,488
宗，占比26.6%；两者投诉量合计占比达56%。而36—40岁
用户的投诉量为75,747宗，占比15.8%；18—25岁用户的投

（单位：宗）

数据来源：车质网12365auto.com

图1-10　2018—2022年各品牌类别投诉量

诉量为66,026宗，占比13.8%；41—50岁、50岁以上的用户的投诉量分别为54,880宗、14,304宗，占比约11.5%和3.0%（见图1-11）。

（单位：宗）

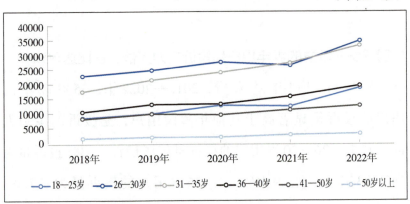

数据来源：车质网12365auto.com

图1-11　2018—2022年投诉用户年龄段分布

三、投诉维度广泛多元　应对处理复杂多变

截至2022年，车质网累计受理的汽车用户有效投诉量达80万宗，汽车投诉呈现常态化。在投诉内容上，用户的关注点也从早期单纯的产品质量问题，扩展到现在的新能源汽车的电池安全、芯片、产能引发的货不对版、过度宣传、用户隐私数据保护、智能化功能认知误区等诸多新的问题。

2018—2022年，针对服务类投诉问题——与宣传不符，车质网共受理用户投诉44,185宗，且从2020年开始，该类投诉量大幅增加，以"芯片"为关键词在车质网进行搜索，共出现3600余宗相关投诉，多数涉及用户车辆实际使用芯片与企业宣传不符，使用户感到被"欺诈"，继而进行投诉。另外，智能化配置宣传内容与用户实际感知不一致、标注续航里程与用户实际使用不相符等，都易引发认为产品与宣传不符的用户投诉（见图1-12）。随着新能源汽车销量的持续增长，围绕新能源汽车与宣传不符的用户投诉也将不断增加。

近5年《中国乘用车用户投诉行为研究报告》（由车质网、凯睿赛驰咨询联合发布，以下简称《报告》）显示，2018—2022年5年间客诉缓解指数CCRI（综合性指数，包含解决问题满意度、事件后品牌信任度、品牌产品质量感知、再次购买意愿、推荐意愿5个评价指标，CCRI表征汽车厂商客户服务体系的运转能力，结果采用千分制，得分越高表明运转机制效

（单位：宗）

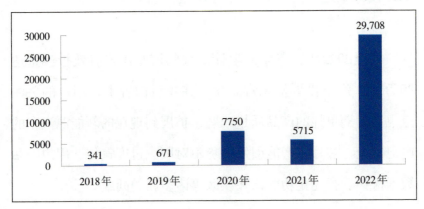

数据来源：车质网12365auto.com

图1-12 2018—2022年与宣传不符问题投诉情况

率越高）上下波动，体现出汽车厂商客户服务体系运转能力不佳、用户投诉处理成效不理想，《报告》也反映出投诉用户对投诉解决方案、时效性等认可度偏低（见图1-13）。

数据来源：凯睿赛驰咨询

图1-13 2018—2022年客诉缓解指数（CCRI）及其变化趋势

　　《报告》显示，汽车用户投诉维权的心理意愿表现强烈，对投诉品牌与产品普遍存在负面评价。2022年的投诉用户中，有89.4%在车质网投诉前，存在与汽车厂商和授权经销商沟通未果的情况，这反映出汽车厂商和授权经销商内部投诉渠道处理效率偏低，用户对汽车品牌出现信任危机。在经多次投诉而未能解决问题后，部分主动投诉的用户将会转变成投诉引领者——主动投诉并呼吁其他用户投诉，投诉引领者带动更多用户投诉易形成集体投诉事件，从而引发更大规模的投诉（见图1-14）。

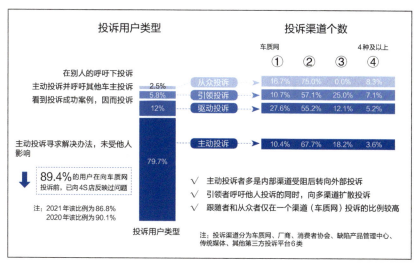

数据来源：凯睿赛驰咨询

图1-14　投诉用户类型占比和投诉渠道选择数量

投诉引领者作为代表，在问题处理过程中会产生更强烈的负面情绪，更容易对品牌产生"信任危机"。据《报告》，投诉引领者在首次出现问题时，其信任度及包容度均低于主动投诉及驱动投诉的用户。此外，投诉引领者不仅会采取多渠道投诉，还可能通过多途径呼吁其他用户以集体投诉的方式解决问题（见图1-15）。

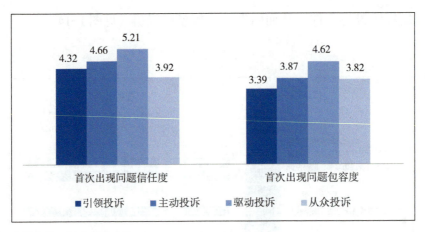

数据来源：凯睿赛驰咨询

图1-15　用户解决投诉问题的行为分析

《报告》显示，2022年，汽车行业用户投诉解决率达到47.5%，较2021年提升4.8%，创近5年新高，这是因为汽车厂商重视用户投诉，但投诉问题的解决时效性还有很大的提升空间。

　　《报告》显示，5年间，投诉问题的解决时长出现下降波动趋势，一周内解决投诉问题的占比呈现先升后降的态势，解决效率最高出现在2020年，但在2022年，一周内解决投诉问题占比下降至21.4%，同时，在一个月内及三个月内解决投诉问题的占比均有下降。随着汽车市场的日渐成熟，汽车行业的透明化，用户需求的多样化、个性化，用户维权意识的提升，等等，加大了汽车厂商快速解决用户诉求的难度（见图1-16）。

（单位：%）

数据来源：凯睿赛驰咨询

图1-16　2018—2022年汽车用户投诉解决时效情况

　　凯睿赛驰咨询对汽车品牌用户投诉解决满意度的研究发现，在2018—2022年，用户对汽车品牌投诉解决满意度整体呈现缓慢上升趋势，2018年用户总体评价为2.7分（5分制），2022年达到2.9分，综合来看，汽车厂商对用户体验及用户投诉方面给予足够的重视，但就整体消费体验而言，还有进一步的提升空间（见图1-17）。

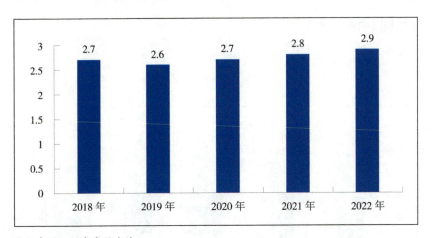

数据来源：凯睿赛驰咨询

图1-17　2018—2022年用户投诉解决满意度情况

　　在中国汽车市场用户投诉数量持续上涨的大背景下，汽车市场的透明化、投诉渠道的多元化、用户维权意识的不断增强等，推动更多用户在面对与预期不符时，选择发声，借助政府、媒体及车质网等第三方平台渠道向汽车厂商反馈问题。那

么，如何应对用户投诉常态化，降低用户投诉量，提高投诉问
题解决效率，并最终提升用户满意度，已经成为当下及未来汽
车厂商不得不面对和研究的重要课题。

第二章

用户投诉是汽车产品及服务质量的一面镜子

据车质网统计，近10年来，汽车用户投诉总量呈逐年增长态势，2021年度用户投诉总量步入"10万宗"时代；2022年，用户投诉量破纪录地出现9次单月度破万宗，汽车厂商不得不重新审视用户的投诉行为。《2022中国乘用车用户投诉行为研究报告》显示，43.2%的用户希望通过投诉来表达自己对产品或服务的改进建议，远高于发泄不满情绪和曝光问题的用户占比。这表明用户的投诉内容更具指向性和针对性，对提高汽车厂商或经销商的管理具有正向参考价值。

移动互联网时代，汽车服务供需关系被重新定义，汽车服务信息更加透明，汽车用户圈层阻碍了汽车厂商单向声音传递等一系列消费生态的变化，使汽车厂商服务面临更为严峻的挑战。正如序言中提到的，"面对用户反馈，汽车厂商能够提供优质、可感知的服务，这正成为与用户交流和建立品牌忠诚度的有效途径，并将对用户体验提升和行业发展产生重要意义"。

一、用户投诉内涵："求助"是核心

角度和立场不同，不同群体对汽车用户投诉有不同的理解。比如，汽车用户认为投诉是法律赋予自己的正当权利，消费后理应享受到公平、公正的待遇，投诉维权是正当合理的。大部分经销商认为用户投诉是过度维权或额外索取的惯用伎俩，"我们已经做得很好了，感觉用户如同拿着放大镜挑毛病，属于鸡蛋里挑骨头，不可理喻"。汽车厂商认为用户投诉虽然是很重要的事情，但是应由相关部门负责处理，不能"越俎代庖"。而且，用户是经销商的宝贵资产，经销商理应及时处理用户投诉，处置不当处罚经销商便是不二选择。

所谓"一千个人眼中有一千个哈姆雷特"，服务链条上不同角色对用户投诉的看法也不尽相同。抛开角色定位，我们将汽车用户投诉分为广义和狭义两种，二者的内涵不尽相同，但结果一致。

从广义上讲，用户投诉是指用户在接受服务前会有一个心理预期，可以是明确的预期，也可以是模糊的预期，当接受的汽车产品或服务的实际表现与心理预期不相符时，用户会通过一种或多种方式表达自己的不满，以寻求他人帮助，解决问题。其中，服务的实际表现与用户的心理预期差距越大，用户内心的失落感就越强烈，用户的反馈动机就越强烈；两者差距越小，用户内心的失落感就越弱，用户的反馈动机就越小。

从狭义上讲，用户投诉是指用户对汽车产品或服务产生不满，随后通过相关渠道进行信息传播，目的是引起更多人的关注，向汽车厂商或经销商施加一定的压力，最终通过产品修复、物质弥补或协议约定等方式达成共识，解决问题。

无论是广义还是狭义上的用户投诉，都反映出汽车产品或服务存在不足，无法满足用户的期望。对于汽车厂商和经销商而言，投诉是用户在接受相关产品或服务过程中遇到困难而产生的求助行为，其核心是"求助"。汽车厂商和经销商要找到引发用户投诉的根源并加以改进，避免类似问题重复出现，才能更好地为用户提供优质的产品或服务。

挖掘用户投诉的根源并"对症下药"是一个系统的过程，需要一套完整的制度体系，处理过程中应高效识别各种相互影响和制约的因素，更需要投诉处理人员具备丰富的经验和清晰的头脑。

解决用户投诉，本质上就是解决用户的心理落差问题与车的问题。车的问题相对较容易解决，一般可以通过修复、更换或者善意赔偿等方式得到有效处理。但用户的心理落差问题，解决起来则相对复杂。首先，需要明确用户的全部期望，积极开展有效沟通，当彼此的观点越来越能够弥补用户的心理落差时，则会产生共识并出现解决问题的契机，最终促使双方达成和解。

对于汽车厂商和经销商而言，用户投诉与问题反馈能够折射出产品或服务的不足，例如产品质量、产品价格、服务标准、服务流程、管理体系、人员配置、服务设施和环境等方面。在用户认知、接触机会、外部环境等诸多因素的影响下，用户需求也在不断地发生变化，这就需要相关投诉处理人员不断加强学习，正视用户"求助"，唯此才能化诉为安。

二、用户投诉原因：产品、服务、用户三个层面

　　汽车设计复杂、零部件繁多，其消费群体差异较大，不同的使用环境对汽车的损伤程度不一样，且各区域服务差异化明显，伴随产生的投诉原因也多种多样，按照责任划分大致可分为三个层面：产品层面、服务层面、用户层面。

（一）产品层面

　　产品层面是指车辆在用户使用的过程中出现问题，如产品故障、频繁维修和使用体验差。产品故障是指车辆在使用过程中出现故障，多源于产品设计缺陷、生产材料不合格等；频繁维修是指车辆故障修复不彻底或故障频发，多源于经销商维修能力弱或产品不耐用等；使用体验差是指用户在使用产品的过程中主观感受不佳，如产品功能不健全或操作烦琐等。

　　随着汽车市场体系的成熟和消费者认知的不断提升，产品原因造成的用户投诉已跃居榜首。投诉的问题由以往的传统问题，例如发动机、变速箱故障，逐步向车身附件及电器，前、后桥，以及悬挂系统等故障转变。随着"智电"在汽车行业的推广普及，围绕新能源汽车的故障开始凸显，三电故障、智能驾驶故障等新问题给汽车产品提出了新的挑战，如何更好地向用户提供优质产品这一问题已然摆在汽车厂商面前。

(二) 服务层面

服务层面是指用户在接受服务的过程中主观体验不佳。例如服务人员态度蛮横、车辆故障修复不彻底、流程标准执行不到位等。由服务层面引发的用户投诉，原因通常可以归纳为三类。

1. 服务过程敷衍

用户在汽车厂商或经销商处接受服务时，服务人员态度蛮横、不解决问题、不予索赔等，这些表现往往会导致用户对服务人员不认可。

车主张先生前往经销商处进行车辆保养，到店前他已经进行了服务预约。到店后，前台接待处的一名服务顾问接待了张先生。该名服务顾问通过查询店内预约系统得知，已经为张先生安排了专属服务顾问，于是告知张先生，并解释说："安排给您的专属服务顾问临时到配件库预订配件了，请您稍等，他马上回来。"

张先生等候了十多分钟，但安排给他的专属服务顾问仍然未出现。在这期间，其他坐席的服务顾问即便在一旁聊天儿，也无人接待张先生，直至安排给他的专属服务顾问回来才接待了他。

由于接待不及时，原计划一个小时完成的车辆常规保养，最终拖延至两个半小时，耽误了张先生随后的行程安排。

张先生对该店的服务表现产生不满，随后拨打了该店的投诉电话进行投诉。

2.服务承诺不兑现

用户在汽车厂商或经销商处接受服务的过程中，相关服务人员口头或书面协议上承诺给予用户服务项目、优惠政策、赠品等，但最终未成功兑现，导致用户产生被"欺骗"的感受。

凯睿赛驰咨询研究发现，服务类投诉中，承诺不兑现问题日趋增加。究其原因，其一，经销商内部服务人员离职或调岗频繁，导致给予用户的承诺内容无法查证；其二，经销商服务人员对管理制度或服务条款理解错误，导致承诺内容不符合店内管理规定；其三，服务人员为尽快促成用户交易，故意实施违反店内管理规定的行为，对用户进行欺骗性质的承诺。

车主李先生在汽车经销商处购买新车时，店内销售顾问承诺，赠送其一张价值500元的售后保养工时代金券，但因当天工时代金券已发放完毕，销售顾问随后口头承诺李先生下次到店赠送。

两周后，因车辆右后轮胎气压不足，李先生到购车经销商处进行车辆检查，顺便索要售后保养工时代金券。

得知购车时的销售顾问已离职，李先生找到销售经理，询问售后保养工时代金券的赠送事宜。销售经理查阅赠送记录后告知李先生，未查到任何赠送的记录，且该活动已经结束，无法赠送。

由于销售经理态度强硬，李先生在多次沟通无果的情况下，便向车质网发起投诉。

3. 内部管理机制不健全

用户在汽车厂商或经销商处接受服务时，由于服务流程或管理机制不健全，出现处理方案不合理、故意拖延、相互推诿等服务问题，造成用户体验不佳。

车主赵先生一家开车去北京环球影城游玩，行驶至涿州服务区时车辆熄火，然后便无法再次启动，赵先生随后拨打了购车经销商的救援电话，服务人员详细询问了车辆的故障情况，初步判断可能是汽油泵故障所致。

因路途较远，服务人员建议赵先生拨打涿州地区的同品牌经销商电话进行救援，并向赵先生提供了涿州最近的经销商的联系方式。随后，赵先生拨打了涿州经销商的电话，店内服务人员告知赵先生，车辆非在本店购买，无法提供救援服务和保修，建议联系购车经销商。无奈之下，赵先生再次拨打了购车经销商的救援电话，服务人员反馈会帮忙协调涿州经销商实施救援。

40分钟后，购车经销商和涿州地区同品牌经销商协调无果，购车经销商只能派店内救援人员赶赴现场。两个小时后，购车经销商的救援人员赶到现场，更换汽油泵后，车辆故障解决。至此，赵先生一家在寒风中待了近4个小时。

虽然解决了车辆故障，但赵先生对本次服务非常不满意，投诉至厂家并质问同品牌经销商为什么不能就近实施救援。

（三）用户层面

用户层面是指用户在使用车辆的过程中，由于自身理解偏差、操作不当、认知不足等原因，间接或直接造成车辆故障或服务体验差，由此产生的产品或服务类投诉。

李女士获得驾驶证后不久便购买了一辆手动挡汽车，使用不到两年，车辆就出现了挂挡异响、挂挡困难的问题。李女士听朋友说这明显是车辆质量问题，因为朋友家的另一个品牌车辆从未出现过这种情况。

愤怒之下，李女士针对该问题向购车经销商投诉。随后，受理投诉的服务人员建议李女士尽快将车辆送至店内进行检查。次日，李女士将车辆开至经销商处，服务顾问及时接待了李女士，同时，技术人员第一时间对车辆进行了全面检查。

技术人员拆解后发现，挂挡出现问题是因为离合器片变薄。后经了解发现，李女士在驾驶过程中，车辆经常处于半离合状态，加速了离合器的磨损，造成离合器片过度磨损，最终引发上述故障。

最后，经销商为李女士的车辆更换了离合器片，故障排除，投诉问题得以解决。

车辆购买及使用过程中，产品、服务和用户三者之间处于动态平衡的状态，一旦三者之间的平衡关系被打破，就会触发用户的抱怨或投诉。同时，即使抱怨或投诉得到了有效的处理，短时间内三者之间的平衡状态也很难恢复如初。三者之间的关系就如同"水桶效应"，用户体验结果并不取决于最长的那块木板，而是取决于最短的那块木板。长远来看，需要汽车厂商和经销商共同努力，持续优化产品、改善服务质量和用户体验，才能将三者之间的关系推至新的平衡状态。

三、用户投诉动机：物质和精神需求

产品、服务和用户三个层面，是引发用户投诉的主要原因，但无论是汽车产品质量问题，还是服务态度问题，这些显而易见、直观的诉求，仅仅是用户投诉动机的表象，被称为"用户的显性需求"。除了应对用户的显性需求外，更应重视用户的内心诉求，也就是满足用户的情感需求，即"用户的隐性需求"。显然，在处理用户投诉的过程中，解决问题的关键是找出隐藏于表象之下的真实动机。用户的显性诉求可以轻而易举地识别，加以应对并解决；如何洞悉用户的隐性需求则更重要，对于投诉处理人员来说是个难点。用户投诉的隐性需求大致可归纳为以下5点。

（一）需要被倾听

当用户产生不满情绪时，会向外界表达不满来纾解内心的烦躁，博得同情或理解，使心理达到平衡，简单来说就是情绪宣泄。比如，购买不久的车辆轮胎出现故障且又无法索赔，用户需要自费进行更换。大多数用户都无法接受这样的处理结果，既愤怒又委屈。此时，他们就想把委屈和不满的情绪宣泄出来，以此得到外界的认可和同情。

耐心倾听是帮助用户宣泄的最好办法，切勿打断用户的发言，适度安抚，使用户恢复心理平衡。

（二）需要被关爱

当用户投诉发生时，用户的需求不仅有物质上的补偿，还包括心理上的补偿。投诉处理人员能够体会用户的情绪和想法、理解用户的立场和感受，并站在用户的角度思考和处理问题就显得尤为重要。即使汽车厂商或经销商解决了车辆本身的问题，用户心理上的损害也不会很快消除。心理上的损害，需要投诉处理人员通过倾听、致歉、安抚等方式与用户建立情感共鸣，让用户的心灵得到关爱，精神得到慰藉。

（三）需要被尊重

随着市场经济的快速发展，消费者的生活品质、文化素养等得到了很大的提升，信息渠道、社交机会等得到了扩展，消费者对产品和服务的需求也"水涨船高"，希望被外界所尊重、认可。用户不仅在购买产品、使用产品、接受服务时有被尊重的需求，而且在投诉处理过程中同样希望获得关注，希望所遭遇的问题受到重视，以获得心理上被尊重的感受，尤其是一些感情丰富、细腻的用户。

这种被尊重的需求也是每个投诉用户的基本心理诉求。汽车厂商或经销商能对用户给予认真接待、主动致歉，采取有效措施，及时跟进回复，等等，都被用户视为表达尊重的表现。

（四）需要被认同

用户在投诉的过程中，都会努力向汽车厂商或经销商证实他的投诉是对的、有道理的，希望获得对方的认同。投诉处理人员在了解用户投诉时，对用户的感受、情绪要表示充分的理解和同情。比如，用户投诉时往往很生气，投诉处理人员应这么回应："我很理解您的心情，遇到这样的事情我也会很气愤，您不要着急，我们商量一下怎么解决这个问题。"回应就是对用户情绪的认同、期望解决问题的认同，用户期望认同的心理得到回应，有助于拉近彼此的距离，为协商处理创造良好的沟通氛围。

（五）需要被补偿

善意补偿是关爱、尊重用户的表现形式，它可以被看见、被感受到。用户投诉的最终诉求就是获得一定的补偿，补偿可以是物质层面的，也可以是精神层面的。此外，用户通过投诉获取补偿的心理，不仅是为了安抚心灵受到的伤害、弥补权益的损失，而且可能存在其他的心理因素。

美国心理学家阿尔伯特·艾利斯（Albert Ellis）提出："事情的发展结果并不是由事情本身所导致的，起决定作用的是当事人对事情认知所产生的态度或情感反应。"解决用户投诉的表象问题只是投诉处理工作的一部分，满足用户的隐性需求才是解决问题的关键，应重视用户的隐性需求，继而及时、准确、有效地加以应对。

四、用户投诉目的：解决问题或发泄情绪

人的性格多种多样，不同的性格决定了不同的行为。在投诉的过程中，用户性格不同，对诉求的表达方式也不一样。

理性用户：大多以条规、数据、对比等作为解决问题的依据，其态度坚定，专业性强，说话严谨，多引用事实依据主导话语权。

感性用户：大多以发泄情绪的方式作为解决问题的手段。这类用户感情丰富并善于表达，常常语言犀利、态度强硬。在

投诉的过程中，通过发泄情绪，引起他人的同情与理解，从而使生产商或经销商迫于公序良俗的压力，最终解决用户问题并满足其情感需求。

面对以上两种不同类型的投诉用户，投诉处理人员应如何应对？

（一）理性用户的应对方法

1. 改变谈话的地点

任何谈判都没有站着商谈的，处理投诉也需要坐下来沟通。用户活动区不是处理投诉的地方，千万不要在公共场合与用户理论，这样不仅会伤了用户的"面子"，还会丢了经销商的"里子"。将用户请进办公室，"一个微笑一句话，一声安慰一杯茶"，坐下来慢慢聊，只要气氛缓和，总能谈出一个结果来。

2. 寻求他人的协助

任何人在某些领域都会有知识短板，若用户投诉的问题专业性很强，投诉处理人员难以应对，应主动寻求同事或领导协助，避免信息不对等使谈判陷入僵局。同时这也是谈判的技巧之一，有时用户只想要一种被重视的感觉，用户向经销商的领导宣泄一下情绪，也许问题就解决了一大半，但切记，请勿越级寻求协助。

3. 做解决问题的人

如果你是问题的终结者，那么就会增加用户对你的信任。

解决问题首先是解决争议，因为争议才是用户投诉的根源。了解用户需求、征求用户意见的同时，提供解决方案，通过分析、对比等方法，在处理方案中将用户利益最大化，并全程让用户有一种被尊重的感觉，用户才能接受你的方案。理性的用户以解决问题为目的，不愿意浪费时间。

（二）感性用户的应对技巧

1. 给用户发泄机会

当用户表达愤怒或声泪俱下时，不要打断他（或她）的发泄，更不要马上解释或下结论，坐在用户旁边，努力做一个倾听者。愤怒就像一颗定时炸弹，随时都可能爆炸。给用户发泄机会，让用户的情绪慢慢地缓和下来。在这个过程中，你要认真倾听并记录用户的诉求，用感同身受的方式表达自己的观点，例如，"我非常理解您的心情""换成我也会这样""我和您的感触一样""您还有其他要补充的吗？"达成共情才是让用户接受你的第一步。

2. 适度转移话题

感性的用户通常思维比较活跃，其观点和想法容易受到他人的影响。同时又很敏感，他们非常在乎你的服务态度。当感性用户情绪趋于平稳后，应适当转移话题，与他交流诸如工作生活、兴趣爱好等。感性用户需要他人更多地关注他的情感因素，建立信任是让感性用户接受你的第二步。

3. 制定顾客满意的解决措施

前面阐述了感性用户的性格特点，因其决定容易受他人的影响而发生改变，所以处理感性用户的投诉，能当场解决的，绝不要拖到第二天。对于已知信息充分、确定无疑的结果，在自己的职权范围内，应立即答复用户并给出解决方案。感性用户喜欢简单直接，反感办事拖沓。

对于有些信息需要调查、验证，暂时还无法给出结果的问题，或者诉求超出自己职权范围，应告诉用户延期答复的理由，用户在等待的过程中，阶段性地告知用户事情处理的进展情况，千万不要让用户在无休止的等待中情绪再次爆发。

处理用户投诉，投诉处理人员不仅需要掌握心理学和沟通学的技巧知识，还需要有同情心和同理心。急用户之所急，想用户之所想，以积极的心态面对形形色色的用户投诉。在与用户沟通的过程中，获得用户的信任是关键，因为信任才能接受你的建议，因为信任才能接受你的方案，因为信任才能提高用户的容忍度、满意度。

五、用户投诉分类：避免"一刀切"

事物的发展大多遵循由小到大、由弱到强、从量变到质变的客观规律。汽车行业也不例外。投诉通常是由较小的事件引发的，慢慢演变成严重、经济损失大、影响范围大、造成恶劣社会舆论影响的投诉事件。为了更好地为客户提供优质服务，需要把用户投诉进行等级划分，在等级范围内调用各种资源，迅速解决问题，尽全力避免投诉升级。通常，用户投诉可划分为一般投诉、重要投诉、重大投诉、公共事件4个级别。

（一）一般投诉

一般投诉是指用户在使用产品或接受服务时，对产品质量、服务质量、服务态度、环境设施或认知偏差等问题提出异议、不满、抱怨的行为。一般投诉的用户通常不会做出过激行为或出现暴躁情绪，他们普遍通过口头、电话、书面或网络平台等形式进行反馈、传递意见、寻求解决方案。

特点：在解决投诉的过程中，根据责任主体、用户诉求，生产商或服务商通过召回条例、汽车"三包"规定、质量提升、赔礼道歉、体验改善等方式应对用户。解决问题和消除影响是第一要务，可以不使用补偿方式修复客户关系。因这类投诉影响人群范围窄，解决问题难度小，一定时间内不会升级投诉，可以暂定为一般投诉。

王先生按照预约的时间到店后，发现店内车辆较多，车间维修技师较少，原本一个小时的保养时间被延长至两个小时，耽误了接下来的行程。王先生非常气愤，于是拨打了店内投诉电话，后经店内协调处理，为王先生提供工时费8折的优惠，最后王先生接受了该解决方案并满意而归。

(二) 重要投诉

重要投诉是指用户与汽车厂商或经销商就问题解决方案未能达成一致，用户有强烈的不满情绪或过激行为，汽车厂商或经销商的第一当事人已经无法正常接触用户，需要高级管理人员对问题做出反馈，重新聚焦双方争议问题核心，必要时根据权限做出赔偿。重要投诉也是投诉升级的一种表现。

特点：重要投诉的发生，除了可以折射出流程执行力、管理处置能力、快速应变能力、用户服务意识等方面的短板外，还与用户的维权意识有关。用户的维权意识与其职业、教育背景、其他行业服务体验有紧密联系。无论是高端品牌还是普通品牌的经销商都经常会遇到用户投诉，投诉发生的本质与用户收入无关，而主要取决于当事人对问题的争议，以及彼此的容忍度。

王先生保养完车辆后离店。车辆在行驶过程中出现机油灯报警。王先生下车检查发现，发动机油底壳漏机油。于是，他拨打店内电话请求救援，但店内服务人员却告知王先生，因维修人员少、救援车外出，建议王先生原地等候，待救援车回来后，再与王先生联系。王先生久等未果，于是自己叫来救援拖车将车辆运至店里，后经技师检查，认为是油底壳螺丝未拧紧造成的机油泄漏，重新补加机油即可，对发动机没有伤害。店内服务人员认为拖车是王先生自己叫的，拖车费用应由王先生自行支付。王先生不认同此说法，一气之下拨打厂家400电话进行投诉。电话回复说相关领导已经休假，须待节后处理。王先生对此反馈更为恼火，随后向当地的一家知名媒体进行问题曝光。最终，经销店负责人上门与王先生多次沟通，并提出本次保养免费、救援费用补偿并外加500元汽车维修代金券和两次免费保养的解决方案，王先生这才同意撤诉。

（三）重大投诉

重大投诉与重要投诉，虽然只有一字之差，但两者的影响迥然不同。重大投诉是指用户在使用产品或在接受服务的过程中，受到直接损失或间接损失，而且损失金额较大。根据损失额度相对汽车价值占比或问题发生部位，可以初判是否为重大投诉。用户损失金额在1万元以上，或损失额度占车辆价值的10%以上时，容易出现重大投诉。如造成人员伤亡或重大车损时，容易出现重大投诉。

特点：因产品问题或重大服务承诺没有兑现等引发争议，用户的合法权益无法得到保障，并且有产生严重后果的风险，媒体、行政、司法介入，可称为重大投诉。重大投诉如果处理不当，极易发展成公共事件。

王先生保养完车辆后离店，车辆在高速行驶的过程中突然熄火。店内救援人员赶到现场，经检查后发现，车辆发动机机油亏损严重，活塞环卡滞，机体损坏，需要更换发动机总成。王先生认为，车辆在店内刚做完保养就出现问题，责任在店方，店方应承担此次损失的赔偿。店方则认为，王先生离店后发动机底部有剐蹭痕迹，此次事故与店方无关，拒绝赔偿。

协商无果，王先生起诉经销商侵权并要求赔偿，依据第三方机构检测结果，法院最终判决，"本次事故为油底壳螺丝未拧紧所致，虽有剐蹭，但并非造成事故的主要原因，经销商应承担此次事故的全部责任，本次检测费用3万元和诉讼费2000元由经销商承担"。后经生产商和经销商共同协商，为王先生免费更换发动机总成，发动机延保3年，保修期内免费提供车辆保养，并为王先生补偿5000元误工费。

（四）公共事件

公共事件是指由上述三类投诉事件引发，具备一定新闻传播价值，如产品缺陷问题和集体维权事件等。公共事件具有对社会影响恶劣或对品牌造成伤害等特点，此类事件发生后，经销商不具备应对经验和能力。

特点：公共事件具有突发性、普遍性和非常规性三个特点，尤其是汽车产品的设计缺陷、制造瑕疵或批次故障，如果处置不当，会通过舆论发酵继而引发群体维权事件，不仅对企业经营产生严重的影响，也会加剧社会矛盾，对社会公共安全带来冲击和影响。

王先生在驾车行驶的过程中，发现机油灯报警，经检测，结果为"发动机机油增多所致"。王先生通过车友会微信群得知，这款车型大多存在机油增多现象，疑似产品设计缺陷导致。后经专业权威机构检测，确定为车辆产品质量问题。在与经销商、生产商多次沟通无果的情况下，王先生联合40余名车主起诉经销商和生产商侵权。该案历经3年的取证、检测，最终，法院判定车辆存在设计缺陷导致机油增多，有重大的安全隐患。王先生等车主赢得这场官司，经销商和生产商为此损失高达上亿元。

投诉处理人员遇到任何级别的投诉事件，都不要慌张，坚信自己能把问题处理妥当。处理时，时刻强化服务意识，有规避风险的思维，避免投诉升级。"大事化小，小事化了"，化解问题的基础是投诉处理人员须掌握更多的专业知识和技能，以及具备稳定的心理素质，所谓"地基不牢，地动山摇"。没有这些专业能力做背书，则无法应对工作挑战。如果说，产品知识是信任力，那么法律知识则是说服力。掌握法律法规就是明确了谈判的底线。个人坚守底线，必定会得到谈判双方的肯定。总之，只有不断地加强自我提升与修炼，才能从容面对各类挑战，用更好的状态服务用户，经营好自己的品牌。

第三章

高质量投诉处理为企业赢得更多用户

汽车用户产生抱怨或投诉，势必影响用户对汽车品牌的信任度。处理用户投诉问题，就是从根本上解决信任危机，提升用户满意度，重塑用户心中的品牌形象。同时，用户投诉反映出的问题，是用户站在自己的角度观察汽车厂商或经销商存在的不足，汽车厂商和经销商可借此反省自身短板，研究用户诉求，寻找正确的解决之道，避免相同情况重复出现，这是汽车厂商及经销商的必修课。

一、投诉处理本质：解决问题，保障利益

用户在服务体验消费过程中都可能遇到不公正、不满意或不合理的待遇，而投诉就成为用户表达不满的方式之一。然而，投诉处理不应仅聚焦在解决用户问题上，还要在处理过程中"升华"彼此的信任关系，保障双方利益均不受到损失。一个能够高效处理投诉的企业，意味着它重视用户的声音、尊重用户的权益。这样的企业才能够赢得用户的信任，建立起稳固的用户关系。通过妥善处理用户投诉，达到用户最终对品牌建立情感忠诚、对经销商建立行为忠诚的双赢效果！

综上所述，投诉处理的本质不仅仅是解决用户诉求，更是通过沟通、合作和改进来修复彼此信任关系的全过程。它不仅关乎个体的利益，更关乎整个企业和品牌形象。只有在双方积极参与、彼此尊重的前提下，投诉处理才能真正发挥其应有的

作用，为用户和品牌共同携手搭建坚实的桥梁。

（一）投诉处理是运用、协调、调动各方资源的一个过程

　　投诉处理场景中，帮助、协助解决问题的人力、物力、财力等都可以称为资源，只要懂得灵活运用这些资源，在处理投诉的过程中，就会达到事半功倍的效果。这里所指的资源大致可分为三类。

　　岗位资源，是指处理投诉岗位的职责或职能权限，由汽车厂商或经销商提供岗位人员自主支配的资源。接收、处理用户投诉的工作岗位人员拥有这类资源的使用权和决策权。

　　公共资源，是指个人、所在企业以外能利用的资源，如消费者协会、行业协会、汽车投诉平台、行政部门等。消费者协会不仅为消费者服务，当汽车厂商或经销商无法与投诉用户达成共识时，它也能充当"中间人"进行协助和推进。

　　个人资源，是指汽车厂商或经销商中，投诉处理人员拥有的除岗位资源与公共资源以外的资源。个人拥有的资源范围甚广，包括人际关系资源、物质资源、个人技能资源等。在处理用户投诉的过程中员工个人自愿调动，而企业又无须支付成本的资源，都可以认定为个人资源。如果用户投诉车辆存在质量问题，经销商投诉处理人员可协调售后服务部门的维修人员、厂家技术人员进行协助与支持，确定质量问题的根源，制订维修方案，最终解决用户投诉问题；如果用户投诉服务问题，投

诉处理人员通过个人资源寻求用户身边朋友或者家属进行情感关怀，也可以协调其他相关部门负责人展开问题调查，并妥善处理投诉问题。

（二）处理用户投诉是对用户实施"援助"

对待投诉事件，投诉处理人员应树立积极的工作态度及正确的思维方式。处理用户投诉过程中，投诉处理人员是"援助者"，而不是"局外人"，只有摆正心态，才能树立主动解决问题的形象，真正做到急用户之所急，想用户之所想，帮用户之所需。

（三）处理用户投诉应遵守相关规则

处理投诉过程中，投诉处理人员一定要避免无条件地向投诉用户妥协，应在职责权限范围内进行处理，并参照相关法律法规，如《中华人民共和国消费者权益保护法》《家用汽车产品修理更换退货责任规定》《汽车销售管理办法》等；同时汽车厂商或经销商也应制定和完善处理用户投诉、维权等的相关制度或流程，如制定用户投诉管理办法、善意索赔制度等；处理用户投诉还须遵守相应的社会、商业道德。

制度、流程不仅能预防投诉用户恶意要挟、恐吓、勒索等造成的业务风险，更能完善汽车厂商及经销商平台投诉体系搭建，最终做到快速、高效地解决问题，维护企业与用户的合法利益。

（四）处理用户投诉的最终目的是让用户满意

当用户投诉时，他们表达了对服务或产品的不满或失望，因此化解用户的不满情绪并保障用户利益成为首要任务。让用户满意，不仅能够恢复他们的信任感和忠诚度，还能构建一个良好的品牌口碑，吸引更多潜在用户，并建立长期稳定的合作关系。因此，处理用户投诉的最终目的是让用户满意，为用户提供优质的服务和体验，从而赢得他们的支持和信任。

（五）处理用户投诉是增进彼此感情的良机

良好的用户关系，不仅涉及汽车厂商或经销商与用户之间的利益关系，还有情感联系，尤其是汽车行业同质化严重的今天，获得用户的认可是赢得市场的关键，如果用户与品牌的情感纽带出现问题，企业抗风险的能力将大大降低。用户主动投诉，对于企业而言是一次沟通的机会，也是一次向投诉用户展示企业服务的机会，更是营销企业的良机。因侵犯或无视用户享有的正当权益而产生的投诉，不仅伤害用户对企业或者品牌的情感，更使得彼此之间的信任关系产生裂痕。所以，处理投诉一定意义上就是最大限度修复与用户关系及情感联络。

用户投诉处理的复杂性、突发性，既体现在日常业务的一点一滴之中，又体现在投诉事件处理的过程之中，所以深刻理解投诉处理的本质，是做好用户投诉处理的基础。

二、投诉处理意义：改善体验不足，建立持久关系

投诉处理的意义深远而重要。首先，投诉处理帮助汽车厂商及经销商识别和解决问题，从而改善产品或服务质量。通过投诉，可以了解用户的需求和期望，并及时采取措施进行改进，以提供更好的用户体验。

其次，通过积极回应并解决投诉，能够体现对用户的重视和关心，为建立良好的关系打下基础，不仅有助于留住现有用户，进而还能吸引新用户，为汽车厂商及经销商的竞争力和可持续发展提供有力支撑。

最后，投诉处理还提升了汽车厂商及经销商的声誉和品牌形象。一个能恰当、妥善处理投诉的企业，遵循透明、公平、公正的原则，能够赢得用户和消费者的尊重和信赖。因此，投诉处理的意义在于促进问题解决、建立持久的用户关系，且赢得良好声誉，构建一个良好的服务生态系统。

车主胡女士在2013年购买了一辆新车，因与购车的经销商有过不愉快的经历，所以车辆在出质保期后，她便选择离家较近的一家快修店进行车辆维修与保养。

一天早上，胡女士开车送孩子上学，却发现车辆无法启动。她随后联系附近的快修店，被告知还未到营业时间，需要店面营业时再到店处理。

无奈之下，胡女士联系了购车的经销商，服务人员通过与胡女士沟通，初步判断为蓄电池电压不足所致。但店内救援人员此刻正在其他地区开展救援，随后服务人员积极协调，安排离胡女士居住地最近的维修人员过去进行救援。维修人员在确认现场无法解决的情况下，先与胡女士一同将孩子送至学校，又一起返回故障车辆附近等待救援。车辆故障解决后，维修人员又与胡女士分享了一些车辆使用常识和长时间停放的注意事项。

通过这次救援，胡女士对该经销商有了重新的认识，不仅回到该店进行维修保养，还主动宣传经销商的服务内容，介绍亲朋好友来此维修车辆，成为店里的"老用户"。

投诉处理首先要解决的是服务态度问题。第一时间落实调查，了解事件原委，进而提出解决方案并予以实施，获得用户谅解。比如，用户在使用车辆的过程中发现产品质量问题，投诉处理人员应全面了解事件原因，制订解决方案，最终排除故障。这些问题都属于用户投诉需求的表象，所以解决投诉需求表象是处理投诉的基础。

汽车厂商或经销商通过对投诉问题进行归类和研究，梳理现阶段管理存在的不足和盲区，不断调整、优化、改进工作方法和策略，促使管理不断完善。

通常，用户投诉为企业管理提供的价值如下。

（一）完善制度，填补漏洞

投诉处理的目标之一是填补汽车厂商或经销商在服务和产品方面的漏洞。通过处理用户投诉，投诉处理人员可以识别存在的问题和不足之处，并采取相应的措施进行改进和调整。这些漏洞可能涉及产品质量、用户服务、交付过程等方面。通过了解用户的反馈和投诉，投诉处理人员能够确定存在的漏洞并采取有效解决措施，以提供更好的产品和服务。这种填补漏洞的努力有助于增强汽车厂商或经销商的市场竞争力和提高用户满意度，从而建立可持续的用户关怀体系。

用户在汽车维修保养的过程中经常抱怨甚至投诉等待时间过长，这反映出用户对时间、工作效率的需求。某经销商经研究发现，在日常维修保养工作中，经常出现某一特定时间段内用户集中进店的情况，造成经销商服务人员和车间工位紧张，无法及时开展工作，从而引发用户抱怨及投诉。经销商管理人员根据调研结果，及时调整内部预约流程，制定预约用户分流机制，对当天预约到店的车辆进行时间段划分，并对店内产能预估、人员安排、预约项目和配件库存等进行合理调整。调整及优化工作流程后，用户进店能及时接待，减少了用户排队时间，消除了用户等待时间过长的不良体验。同时，做好应急预案，提升用户实际服务体验。

（二）评估跨部门工作效能

评估跨部门工作效能是指对不同部门相互合作的工作效率和成果进行评估，并将其转化为具体的指标或评估结果。这样的评估数据能够帮助经销商了解跨部门工作的效果，为未来做决策和改进工作提供参考。

处理用户投诉、解决投诉问题，通常不是某个员工或者某个部门单独完成的，需要多个部门相互协调配合。如用户抱怨维修时间过长的问题，可能出于服务人员接待不及时、接待流程烦琐、预约制度不健全等原因。针对这类问题，涉事相关部门应统一行动起来，进行头脑风暴，集思广益，共同制订解决方案。投诉能否妥善处理，反映出企业各部门配合的效能，任何一个环节或部门不认真对待，都会影响投诉问题的解决，甚至导致投诉升级。

（三）探寻用户需求

"以用户为中心"的理念已成为汽车行业的共识。用户需求的探寻有多种方式和渠道，其中用户投诉就是获取用户需求的重要渠道之一。

探寻用户需求是一项关键任务，它涉及与用户进行深入的交流和调研，以了解他们的期望和真实需求。处理问题过程中，投诉处理人员通过面对面交流、讨论处理方案的方式，收集和分析用户的反馈和观点。

在探寻用户需求的过程中，汽车厂商或经销商要致力于发现用户使用产品或接受服务时的问题、痛点和愉悦点，以及提供解决方案的机会。通过深入了解用户的需求，提供更有价值的解决方案，优化用户体验，满足用户的诉求。

某经销商因地处郊区，用户抱怨行程较远、入店不方便等，导致用户流失严重。该经销商对这类抱怨或投诉进行分析，开展调研和成本核算，制订出具体的整改方案：一是在市中心设立城市展厅和快修中心，不仅解决了用户由于距离远入店不便的问题，提升了用户满意度，而且新车销量也进一步提升；二是向前往郊区店的用户提供报销高速公路通行费、免费充电等服务，用户体验、维修产值都显著提升，用户流失问题得到有效改善。

（四）促进用户留存，建立长期用户关系

汽车厂商或经销商通过不断改善产品和服务来满足用户需求，可以增加用户对品牌的黏性，促使他们成为长期忠诚的用户。

首先，建立个性化的沟通渠道，通过定期的互动和信息收集，深入了解用户的喜好和需求，并及时解决他们的问题，消除其疑虑。

其次，提供有吸引力的优惠和奖励计划，给予忠诚用户特

殊的待遇和福利，增强他们的满意度和归属感。持续的产品创新和改进也是吸引用户并促使其留存的关键。通过不断提升产品性能、功能和用户体验，持续输出高品质服务，培养用户的用车习惯，提升用户对服务的依赖度。

最后，建立良好的口碑和品牌声誉对用户留存和保持忠诚至关重要。通过引导用户分享他们的正面感受和体验，企业可以扩大影响力，并吸引更多用户加入忠诚队伍当中。通过这些努力，企业可以促进用户留存，建立稳定而持久的用户关系，并在竞争激烈的市场中取得商业成功。

（五）掌握市场趋势，了解行业动态

掌握市场趋势，了解行业动态是企业保持竞争力、灵活应对市场变化的关键。持续关注市场趋势可以帮助汽车厂商或经销商抓住市场机遇，发现新的增长点，以及提前预测和应对潜在的经营风险和挑战。

了解行业动态可以获取行业内最新信息和发展动态，包括竞争品牌的服务模式等。通过深入研究、分析市场趋势和行业动态，汽车厂商或经销商可以更好地了解市场需求和消费者行为，从而调整产品服务策略、优化营销方案，并及时做出决策以适应市场变化。这也有助于汽车厂商或经销商保持敏锐的市场洞察力，提前发现和把握市场机遇，为企业的可持续发展奠定坚实的基础。同时，指引汽车厂商或经销商制定战略，保持

竞争优势，实现长期稳定的经营收益。

三、投诉处理原则：依制度快处理，判责任善分析

用户投诉产生的原因是多方面的，有主观因素，也有客观因素，不回避、不妥协是应对用户投诉最基本的态度。作为投诉受理方的汽车厂商或经销商都应认真对待每个用户投诉事件。当用户投诉发生后，应快速受理，避免怠慢用户而使事态进一步扩大。了解投诉原因后明确责任将有助于投诉的快速解决，当然快速解决并不意味着没有底线，应遵循汽车厂家或经销商的相关制度。事件处理结束后还应总结经验教训，做到"吃一堑，长一智"。因此，投诉处理应坚持有章可循、及时处理、厘清责任、事后分析4个原则。

（一）有章可循

有章可循，就是有章程或章法可以依照或遵守。对于企业来讲，"章"即制度和规定，一个企业如果没有制度和规定就如同一个国家没有法律和法规，定会出现混乱的局面：工作没有流程、质量没有标准、时间观念随意……这种糟糕状态下的工作结果可想而知，用户满意度势必降低，用户投诉的可能性必然增加。做到有章可循，是做好各项工作的前提，照章办事是处理好用户投诉的必要保障。因此，企业要有专门的投诉管

理制度和对应的投诉处理流程。

汽车厂商或经销商的管理制度中应有明确的适用范围、管理标准、投诉处理程序、处理办法、人员分工、奖罚标准等相关内容（见表3-1）。

表3-1　投诉管理制度项目说明

项目	内容描述
适用范围	对汽车厂商或经销商的所有投诉，包括用户抱怨、内部投诉和外部投诉等
管理标准	当发生用户抱怨或投诉时，企业对投诉处理的各项明确要求，如规定相关人员必须第一时间处理并将处理意见反馈给上一级负责人，规定外部投诉要在多长时间内与用户沟通并反馈给厂家相关部门等
投诉处理程序	是规范处理投诉的指导，可以用文字及流程图进行说明，更加直观地体现处置流程，根据不同的投诉原因、类型，制定应对流程
处理办法	依据企业规定进行处理
人员分工	明确人员分工，如相关责任人中第一负责人是谁，由谁具体负责哪部分内容等；对于人员相应的权限也应具体明确，如经销商总经理有最终决定权，部门经理有跨部门协调权限、规定内的整体折扣权限，一线员工有规定内的费用折扣权限等
奖罚标准	由企业内部制定并实施，用来对投诉处理相关人员进行必要的奖惩。确属内部原因导致的投诉，应对确定的责任人进行必要的处罚，起到警示、惩戒的作用；对于投诉处理过程中表现突出的员工也应有相应的表彰和鼓励

资料来源：凯睿赛驰咨询

（二）及时处理

火灾初期，及时扑救可以减少损失，如不能及时扑救，轻则需要耗费大量的人力、物力，重则导致火情失控，造成无法弥补的损失。用户投诉犹如发生火情，投诉事件发生初期，投诉处理人员应第一时间与用户进行接洽，避免因怠慢而让用户感到更加不悦甚至愤怒。及时、快速的处理，可让用户感受到积极且不回避的服务态度，缓解用户对汽车品牌或经销商的负面情绪；反之，则会让用户产生拖延、不受重视等不良感受，使用户满意度再次降低。

对用户投诉处理不及时不仅会影响用户满意度，更会影响用户对汽车品牌及经销商的信任度。凯睿赛驰咨询研究发现，处理是否及时直接关系到用户评价的好坏。

处理用户投诉，汽车厂商或经销商各部门应通力协作，迅速做出反应，力争在最短时间内解决问题。当用户投诉发生时，要尽快安抚用户情绪，同时了解用户的真实诉求，根据其诉求快速做出恰当处理。

车主张先生预约次日上午9点到经销商门店进行车辆保养，次日他准时到店，在办理登记手续时告知服务顾问抓紧时间，因自己后面还有重要的安排。换机油的过程中，维修人员发现车辆发动机油底壳螺纹脱扣（保养过程中造成），无法在原先预估的3小时内交付车辆。服务顾问将这一情况及时告诉了张先生，张先生顿生不悦。服务顾问为张先生提供了两个解决方案：一是更换一个新的油底壳，需要支付1200元费用，但暂时配件缺货，需要订配件；二是将原车的油底壳拆下来，外出加工，但至少还需要3个小时的维修时间。张先生对这两个方案都不满意，他要求经销商免费为其车辆更换油底壳，并承担他的全部损失。服务顾问在沟通无果的情况下，将事情反馈给了服务经理。

服务经理在第一时间与张先生进行接洽，确认油底壳脱扣为保养过程中所致，首先向张先生表达歉意，同时协调销售部门提供一辆备用车，供张先生临时使用。对于张先生的车辆，服务经理同意进行免费维修，并向张先生赠送免费保养两次，以弥补张先生的损失。张先生对服务经理的处理方案表示认可，问题最终得以解决。

如果用户投诉在服务人员自身职权范围内无法处理，服务人员应及时向上级反馈，避免拖延，否则只会加剧用户的不满。案例中，服务经理了解整体事件后，明确问题发生的责任方为公司，在第一时间出面向用户致歉，同意进行免费维修，并赠送免费保养，还协调其他部门为用户提供备用车，满足用户的急迫需求，最终问题得以解决，避免了事态的扩大。

当用户投诉产生时，先明确责任方，再提出双方可以接受的解决方案，最后表达真诚的歉意并向用户提供一些补偿措施，这样一套完整的处理方案，可以有效降低矛盾激化、扩大投诉影响的可能性。

(三) 厘清责任

当用户投诉发生时，了解用户抱怨或投诉的原因是解决问题的前提，投诉处理人员在明晰原因的前提下，应进一步认定责任方，若是车辆产品的原因，应通过索赔渠道帮助用户快速解决问题；若是自身服务方面问题，则应通过企业内部解决办法对问题进行相应的处理或补偿，否则将会导致用户更为不满，投诉处理更为棘手。

用户投诉常见的原因主要有3类。

产品质量原因。因为产品质量问题导致用户多次到店维修，耗费用户大量的时间和精力，用户难免产生不满，随着维修次数的增加，维修时间的延长，用户投诉的可能性自然也就越来越大。

服务质量原因。服务过程中，服务人员的态度和流程执行不规范等，都可能引发用户不满，甚至导致用户投诉；另外，维修质量监管不到位或维修技术能力不足造成的车辆修复不彻底、返修，给用户造成间接的损失，也容易引发用户投诉。

用户自身原因。由于车辆使用环境、驾驶习惯、操作不当、维修或保养不及时、自身认知等，用户误认为是产品存在质量问题，引发对"产品质量"的投诉。这类投诉需要投诉受理人员耐心解释和沟通，通过实物对比、演示等方式打消用户的疑虑。

除了以上常见的3类原因，还有一类是第三方原因，如因保险公司对交通事故车辆维修费用赔付引发的用户投诉，抑或因物流运输导致的商品车或配件到货延误等，虽然直接原因在于保险公司、物流公司，但用户却因不明真相而进行投诉（见图3-1）。

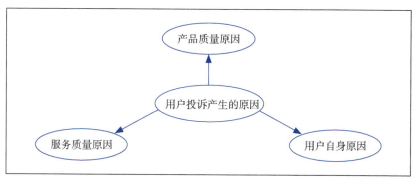

图片来源：凯睿赛驰咨询

图3-1 用户投诉产生的原因

只有清晰地掌握用户投诉的原因，才能明确处理投诉的部门及相关责任人，从而正确面对并更快更好地解决用户投诉。由于产品质量原因引发的投诉，投诉处理人员应快速反馈给厂家相关部门，及时跟进处理结果；对于服务质量方面的用户投诉，投诉处理人员应真诚地道歉，并通过有效的沟通和处理获得用户谅解；至于用户自身原因造成的投诉，需向用户耐心解释问题发生的原因，消除误解；因第三方而引发的投诉，应向用户解释清楚，并协助用户处理好后续维权工作，当用户意识到自己产生误解时，心理上会产生愧疚感，此时也是增强用户关系的良好契机。

（四）事后分析

投诉处理人员对每次用户投诉处理都应做详细的记录，包括用户投诉的内容、处理过程、处理结果、用户满意程度等，建立投诉档案，方便归纳总结。定期（如每个月、每个季度、每年）对投诉事件进行回顾与总结，从中发现处理过程中存在的问题与不足，并将其反馈给管理人员，以便汲取经验教训，提升员工能力，完善、优化内部管理体系，避免类似的问题重复发生。

某经销商简要复盘投诉数据：近一年共发生52次用户投诉，其中内部投诉22次，外部投诉30次；有关销售的投诉12次，售后投诉40次。在这40次售后投诉中，涉及服务类12次，维修质量类28次。

通过上述案例可见，售后为用户投诉的"高发区"，且投诉问题集中于维修质量。基于此，该经销商将整改重点放在如何提升维修质量上。针对质量问题还可以做进一步分析：维修质量投诉的原因是维修技师技术能力问题还是工具设备问题，是配件原因还是环境设施原因，等等。若明确为维修技师技术能力原因，还应进一步明确是哪个班组或哪位维修技师，这样才能制订更有针对性的售后服务提升方案，达到减少用户投诉的目的。

投诉处理应秉承有章可循、及时处理、厘清责任、事后分析4个原则，以达到快速解决问题并有效降低企业损失目的，避免日后类似事件再次发生。"有章可循"是企业各项工作的指导，是企业良性运营的保障；"及时处理"可降低事态扩大的风险，进而降低额外成本；"厘清责任"有助于确认过错方，发现运营中存在的问题；"事后分析"的目的在于总结经验教训，避免类似的问题再次发生，"不在同一个问题上'跌倒'两次"。

四、投诉处理步骤：从化解情绪到解决问题

投诉处理表征是解决用户提出的各类问题，但深层是舒缓用户的情绪。在处理投诉的过程中，要时刻把化解用户的负面情绪放在第一位，因为当用户处于情绪不稳定的状态时，不仅很难实现有效沟通，而且很可能引发过激行为，将投诉处理引向不确定的方向。只有待用户情绪稳定之后，双方才可能冷静客观地就问题进行沟通与解决。

应对用户投诉可以按以下9个步骤开展：

（一）判断用户的情感需求

情感需求是不同人对外界反应的一种内在驱动力，这种由思维主导的需求，不但外人不易影响，而且自己也很难控制。由于生活环境等多种因素的差异，每个人的情感需求不尽相同，表达出来的行为差异也较大，即便是同一个人在相同事件的不同时期，情感需求也可能瞬息万变。这就对投诉处理人员提出更高的要求，他们需要时刻判断用户的情感变化，抓住情感向好的一瞬间去寻求突破。

投诉处理人员在与用户沟通时，应保持同理心，倾听用户的表达，抓住那稍纵即逝的一瞬间，给予用户相应的情绪安抚。

在突破用户的心理防御时可以尝试采用下列方法：

1. 引导用户理性表达

用户在抱怨时，思维比较活跃，情绪比较激动，言语表达可能过激，投诉处理人员不要简单粗暴地打断用户，而应转化为用户视角，运用同理心进行沟通，引导用户的思维回归到问题本身。

2. 挖掘情感需求

投诉处理人员与投诉用户沟通时，可通过交流和场景回顾，探寻用户"感情受伤"的具体原因，采用迂回的方式，进一步软化用户情感，为下一步协商与解决问题做好铺垫。

3. 了解用户的情感需求特性

不断完善用户的特性标签，积极调整应对策略和方法。预判用户的情感需求涉及沟通心理学知识，投诉处理人员在接触用户的过程中，可通过用户的外在表现，如眼神、面部表情、行为动作、表达语气等，判断用户的内心变化，从而更好地安抚用户情绪。

购车刚4个月的李女士，某次在购物之后驱车回家的途中，由于一直沉浸在刚才与售货员发生冲突的不悦中，驾车走神，导致车辆行驶过程中与前车发生了严重的追尾事故，最后车子被拖到经销商处进行维修。当时，店内车辆较多，服务人员未能及时接待李女士，她就一直在休息区等待，催问好几次也没有效果。服务人员处理完手头的工作后到了午餐时间，就直接去餐厅用餐了，其间无人过问并接待李女士，李女士于是进行了投诉。

李女士的情绪爆发源自一段不愉快的购物经历、车辆追尾、漫长的维修等待、服务人员的无视等多件事情的叠加。此时其情感需求更多的是渴望被尊重和理解，但是，经销商的服务人员并未察觉，或者因为其管理制度根本没有把用户放在首位，造成无视且接待不及时的服务状态，这在一定程度上加剧了李女士情绪的爆发。如果服务人员能够及时接待李女士，沟通了解整个事故经历，表达对李女士的关怀并及时处理问题，就能有效避免李女士的情绪爆发，降低投诉发生的可能性。

（二）满足心理需求

抱怨或投诉发生后，处理人员应及时、认真倾听用户诉求，明确用户不满的原因，这其中就包括心理需求。只有真正了解用户的心理需求，才能够靠近用户，最终与用户达成满意的解决方案。那么，投诉用户有哪些常见的心理需求呢？通过对车质网5年来50余万宗投诉案例的分析梳理，归纳为以下5种类型：

1. 表现自我

这类用户大多通过投诉来表达自己对汽车产品或服务的不满，喜欢以长者、老师自居，抱怨自己受到不公正待遇，指出他人工作中的不足，希望有人聆听他们的意见。这类用户往往对服务的流程比较熟悉或有一定的了解，会站在消费者群体代表的立场提出诉求，通过投诉这种方式宣泄不满的同时，也获得一定的成就感。对于这种具有表现自我心理需求的投诉用户，投诉处理人员进行适当的迎合有助于快速解决用户投诉。

2. 获取认同

此类用户往往有着比较强的自尊心，对问题有着自己的看法而且坚持自己的观点，希望自己可以说服他人认同自己，得到理解与肯定。他们希望通过投诉引起他人的关注和重视，并得到尊重。对于具有这种心理需求的投诉用户，投诉处理人员在观点认同上应保持谨慎。

3. 获得补偿

涉及产品或服务价格类的投诉中，多数用户因服务人员对价格解释不清晰，或理解有误，认为自己的利益受到损害，投诉的主要目的是获得一定的经济补偿。若汽车厂商或经销商无法补偿或补偿金额未达到用户心理预期，投诉升级的可能性会增大。

该类用户认为自己的权益受到了损害，应据理力争。投诉处理人员须确认用户要求补偿是否合理，相关投诉属于经常性还是偶发性，是否具备提供善意维修的条件，等等。投诉处理的同时，可给予用户相应的建议，避免类似情况再次发生。

4. 发泄情绪

有些用户产生愤怒情绪时，需要通过某种方式发泄，投诉就是一种对外发泄情绪的方式，也许一个真诚的道歉，或一个表示歉意的实际行动，就可以让用户的怨气消除。遇到这样的用户时，投诉处理人员应拿出真诚服务和沟通的态度，待用户情绪发泄完、恢复理性后，才能继续进行投诉处理。

5. 报复

怀有报复心理的用户在进行投诉时，希望被投诉方付出代价。如被投诉方是企业，希望企业对其进行赔偿或加倍补偿；

如被投诉方是个人，则希望对方得到处罚或处理，诸如"不把这个人开除，这件事不算完……"对于心存报复的用户，投诉处理人员应做到"动之以情、晓之以理"，换位思考，了解投诉用户的内心状态，客观冷静地分析事情可能的走向，以及双方的利益得失，强调按规章制度办事。

对于用户心理需求相关内容，在投诉处理技巧章节会着重讲述。

（三）用开放式问题让投诉用户发泄负面情绪

处理投诉时始终坚持先处理心情，再处理事情。应先安抚用户，待用户情绪平复后，再处理投诉问题，同时也要处理好自身的情绪，避免与用户发生冲突。

大多数用户进行投诉时负面情绪较重，心情不悦甚至愤怒，不利于开展对话，此时可选择问一些开放式的问题，让用户宣泄自己的愤懑，避免重复唠叨一件事，或者在一个问题上不停地找漏洞。投诉处理人员在与投诉用户接触时，应先稳定用户的情绪，尽快让其恢复平静和理性，然后再通过问一些开放式的问题，把用户的注意力转移到具体的事情处置上来。

同时，在用户倾诉过程中，其不悦或愤怒的情绪也得到了发泄。投诉处理人员可多运用开放的谈话方式，为用户提供一个发泄情感的窗口。避免提封闭式的问题，否则会让用户感觉对方在推卸责任。

某经销商的维修技师在维修过程中因操作不当，导致用户车辆意外受损，服务人员如实将车辆受损的情况告知用户，用户表示不满。服务人员表示："非常抱歉，某先生/女士，对此维修事故，我代表我们店向您深表歉意！维修过程中谁也不希望发生意外。但是，意外发生了，我们会全力进行补救，此次不但免费为您维修，同时赠送您500元的维修工时费抵用券作为补偿，您看您还有什么其他想法或需求？只要在合情合理的范围内，我们将尽最大努力满足您……"

用户的车辆在维修过程中意外受损，不仅产生直接的经济成本，还将耗费间接的时间成本，如果处理不当必将引起用户的不满甚至投诉。如何安抚用户，表明负责任的态度，采用让用户容易接受的谈话方式至关重要。采用开放式的提问，给用户发表自己的意见或看法的机会，有助于缓解用户的负面情绪，也有利于下一步转入实质的问题处理阶段。

（四）以复述诉求方式表示理解

倾听用户讲述整个事件时，投诉处理人员要结合用户给出的信息将事件进行还原，对解决问题的关键信息反复进行确认，为投诉解决方案的制订提供更多信息参考。

投诉处理人员在与用户沟通的过程中，对于用户的讲述要认真倾听，适时表达同情与理解，准确记录用户的诉求要点。

谈话结束时处理人员可以通过复述用户的诉求表示对用户的理解，站在用户的立场表达诉求会使用户获得被认同的感觉。相反，若谈话过程中，投诉处理人员据理力争，表现出对用户观点的不认同，忽视用户的诉求，这些做法都可能再次激起用户的怒火，不仅容易使投诉化解陷入僵局，还可能激化矛盾、导致投诉升级。投诉处理人员复述用户诉求以表示理解的行为，将有助于安抚用户，将投诉处理推向利好的方向。

"王女士，您刚才说的我都记下了，您的诉求我们会尽全力满足，对于我们工作上的失误给您带来的不愉快经历，我们深表歉意。我特别能理解您现在的心情，事情如果发生在我身上，我可能比您更生气呢……"

（五）更透明、坦诚地与用户共享解决问题的信息

了解用户的诉求，待用户情绪稳定下来后，投诉处理人员可提供更多的信息帮助用户解决问题，运用专业知识向用户说明投诉调查进展，是什么原因导致这次问题发生（原因分析），接下来将如何去做（解决的办法是什么），预期达到什么效果（经销商的保证）等。若暂时找不到原因或解决不了问题，也应如实告诉用户，并承诺解决问题的期限。

"王女士，您的车辆发生的是偶发性故障，故障原因目前

还不是很明确，所以排查起来有一定的难度，维修技师和技术经理正在全力进行检查，还需要一定的时间，不过您放心，不会有太大的问题，如果有必要，我们会请求厂家技术部门协助，完全能够解决。最晚我们会在明天下午给您一个确切的维修方案，您看可以吗？"

（六）设定期望值，为用户提供选择方案

在安抚用户情绪、了解用户诉求、共享问题解决的信息后，投诉处理人员须为用户"设定"期望值。用户合理的诉求，可按照企业的服务标准给出解决方案；用户不合理的诉求，需要通过反复沟通和解释，降低用户期望并寻求可以达成的共识。同时要告知用户，投诉处理人员的"权限"，可以为用户提供的选择（两种及以上），框定用户的选择范围，有助于规避用户进行"发散"思维。当场能够解决的投诉，投诉处理人员应及时将用户诉求向上级反馈，获得批准后现场解决。如短时间内无法处理，应告诉用户一个确切的问题解决时间范围，并及时共享处理进度。

面对用户需求，投诉处理人员表示："我非常理解您现在的心情，我本人也非常愿意为您解决问题，只要在我的职权范围内，您的要求我可以马上给您答复。如果超出我的权限，我也会尽快向公司领导汇报，给您一个满意的答复，这样可以吗？"

投诉处理最终需要一个处理结果，这个结果应是双方都能接受、尽可能都满意的，这就需要综合双方的谈判条件、达成的初步共识等来制订几种方案供用户选择，方案的给出方式可以分为循序渐进式和全盘托出式。循序渐进式就是将预先准备的方案，按照一定的顺序呈现，直至用户接受其中的一种。这种方式比较适用于为争取自身利益而"步步为营"的用户，这类用户往往为了得到更大的利益，对每个阶段或每个环节都有自己的需求，循序渐进式恰好可以更好地应对；全盘托出式则是将事先准备好的几个不同方案同时全部呈现给用户，供用户选择。全盘托出式更适合性格比较豪爽的用户，这类用户喜欢比较直接的方式，不喜欢"你进我退地打太极"。

"王先生，这次发生的'小插曲'，我们确实是有服务不到位的地方，为了表示歉意，我们也向公司领导做了请示，有3种方案可供您选择：1.此次维修的费用由我们全部承担；2.我们可以送您1次等额的维修卡，您可以随时来店进行消费；3.此次维修费我们为您打5折，同时赠送您一张终身VIP权益卡，每次都可以享受优惠。您看哪种适合您？"

（七）坚持章法底线，达成协议

当用户选择解决方案后，双方就进入达成协议环节，达成协议的前提一定是在"有章可循"的范围内，不能为了快速了结投诉而无底线地让步。在此环节中，双方达成的协议形式可以是口头的，也可以是书面的。如果是口头协议，最好在交谈过程中能有影像或声音记录，条件允许的情况下，双方可以在有影音摄录的洽谈室或办公区进行交谈；如果是需要落到纸上的协议，待双方签字协议生效后，投诉处理方需按协议内容尽快处理，能立即兑现的快速进行兑现，不能立即兑现的需尽快兑现。

（八）处理满意度回访

达成协议，形成双方都能接受的处理结果后，投诉处理工作基本完成。然后需要向用户确认对处理结果是否满意。通过对处理满意度的回访，了解此次投诉处理中用户对投诉处理的客观评价。

某车主的车辆曾有轻微的前保险杠剐蹭，造成大灯底座支架损坏，车辆在经销商处维修保养时，用户并未将此损坏情况告知店内服务人员，只要求保修，为其免费更换大灯。由于服务人员在接车环节疏忽，仅做了简单的外观拍照取证，未对车辆进行彻底检查。随后服务人员发现车辆不符合质保要求，告知用户后，用户顿生不悦。

随后，维修技师又因施工作业操作流程不当，将车辆钥匙反锁至车内，无法开启车门。维修技师建议拆除玻璃密封条，将门锁钩开，用户口头同意。但之后用户以"维修技师未经自己同意私自将车门钩开"为由向厂家进行了投诉。

投诉处理人员首先对维修技师的操作不当行为致歉，安抚用户情绪。在与用户沟通的过程中，投诉处理人员了解到一个月前车辆进店时大灯并未出现任何问题，此次发现车辆前保险杠有漆面裂纹，便询问用户车辆近期是否出现剐蹭，用户回忆提到有一次在车辆驶出地库时与墙面曾有剐蹭，但并不严重，也没发现明显损伤。用户表达了自己的诉求：不要别的赔偿和优惠，希望能免费更换车辆大灯。投诉处理人员向用户解释更换大灯与投诉的开车门问题不是同一件事，强调开车门是经过用户口头同意的，表示免费更换大灯这个诉求无法满足。但是，如果用户同意自费更换大灯且在店内维修车辆划痕，可以享受折扣优惠。最后，用户接受自费更换的方案，看到修复如新的爱车，用户非常满意。3天后客服人员对其进行了回访，该用户表示对处理结果很满意。

（九）强化与用户的联系

投诉处理结束后，与用户的联系并没有结束，还需持续跟进，确保问题彻底解决，形成投诉的有效闭环。投诉处理人员应向用户表达对企业信任和支持的感谢，以及持续为用户提供服务的意愿。投诉解决过程也是加深与用户沟通交流的良好机会。在日常工作中不难发现，忠实用户群体里，有一部分是由投诉用户转化而来的。通过投诉的圆满解决，用户的诉求得到了满足，使其感受到了投诉处理方的真诚。投诉处理人员可以通过添加对方微信等方式建立长期联系，便于日后的沟通和交流。对于重要用户也可以通过上门拜访等方式加强情感联系，给用户留下深刻的印象。

　　用户陈先生在经销商处购买了一辆某品牌汽车，车辆恰巧在出保修期没几天就出现了行驶中频繁跳挡、加速无力的现象，于是他将车开到了经销商处进行检查，经检查后判定为变速箱内部机械故障。按照保修条例的规定，陈先生的车辆已经超出保修期限，于是陈先生拨打了厂家投诉电话，控诉产品质量问题。经销商查询了陈先生车辆的维修记录，发现该车一直在本店进行保养与维修，鉴于陈先生的车辆刚出保修期不久的客观事实，服务人员向厂家相关部门进行了特殊申请，为用户争取到优惠的保修方案，最终陈先生接受了经销商的方案，更换了一台新的变速箱，自费支付了少许费用。车辆维修交付后回访时，陈先生表示很满意，也表达了对经销商及服务人员的感激，对经销商的办事效率非常认可。

　　经销商应指定专人定期对投诉问题进行分类、汇总、分析、总结。对于共性问题，可开展集中培训或专项会议，使服务人员形成统一认知，避免问题重复出现；对于特例，可开展技能培训或工作监督与帮扶，提升服务人员的工作效能。此外，还可以定期整理、汇编典型投诉问题，形成案例集锦，供全员学习。

五、识别投诉用户技巧：态度真诚、沟通高效、结果双赢

投诉处理是复杂且具有突发性质的工作，即便相同的投诉内容，但不同的用户在不同场景所产生的情绪和不满，都需要用不同的处理方法化解。虽然没有"放之四海而皆准"的准则，但需要掌握应对处理用户投诉的技巧。

"对症下药"是有针对性地沟通和应对投诉的前提和基础。借助以往成功处理用户投诉的经验，识面、识人、识心，充分、全面掌握用户信息，有助于短时间内识别用户性格特征和评估事件的严重性，是投诉处理人员的必备技能。实践中，因缺乏对用户特征的识别，没有"对症"而导致投诉升级的案例比比皆是，所以，投诉处理人员一定要准确识别用户性格特征，避免投诉处理全程陷入被动。研究表明，汽车投诉用户主要分为4类：发泄型、被迫型、习惯型、执着型。

来店抱怨发泄是发泄型用户的主要意图，他们并没有明确的诉求，更多是为了宣泄他们认为不合理却又无力改变时产生的强烈的不满情绪，比如对加价购买车辆、过保修期后的维修、保养费用高等的抱怨。应对发泄型用户投诉的基本技巧有：投诉处理人员积极安抚用户情绪，耐心倾听用户表达，待用户趋

于冷静后，提出不会使用户情绪二次爆发的合理解释；当用户情绪舒缓后，可以尝试提供善意解决方案，平衡用户心理。

车主林女士于某年5月在经销商处购买了一辆新车，当年10月由于车辆出现漏油故障，导致无法正常行驶，林女士将车辆送至经销商处维修。一星期后经销商未做任何处理，林女士表示不满，其间与经销商多次交涉，经销商均未明确回复。随后，经销商指出车辆有"涉水行驶痕迹"。但是，林女士并不认可此判定结果，她认为经销商有欺诈行为，于是到经销商展厅、售后接待处大声吵闹，且用扬声器重复播放经销商不作为的行为，声称不解决车辆问题就一直"宣传"下去。

被迫型用户已经接受了先前的处理方案，但因受其家属或朋友的观点和意见的影响而进行投诉，且不再接受原来的解决方案，需要重新谈判。被迫型用户都没有明确的方向和逻辑，这需要经销商耗费大量的时间及人力成本对其进行观点重塑。应对被迫型用户投诉的基本技巧有：耐心倾听用户的观点，不急于回答对方的问题，避免陷入逻辑陷阱；分析用户投诉事实与观点不符的错误；尝试通过用户直接与其家属或朋友对话，了解真实情况后，迅速做出回应；为了避免用户变卦，应于当天处理完毕，并在日后做好客户回访。

一位车主的某品牌车变速箱存在问题，经数次维修后问题仍无法解决，原本通过有效沟通和适当补偿后，用户已经与经销商达成协议。但之后用户表示不接受该协议。这是因为用户与朋友沟通后，要求更高的补偿，经再次协商与经销商再次达成协议；随后用户在家人的劝说下，再次否定协议，要求经销商换车，并要求更高额度的赔偿；最后，用户受其朋友影响，将事件经过曝光给了媒体。

习惯型用户在产品使用及服务体验过程中容易出现情绪敏感、思维敏锐等现象，习惯挑毛病，希望引起经销商的重视。应对习惯型用户投诉的基本技巧：投诉处理人员保持谦虚、尊敬的态度，耐心听取用户意见，适当记录用户反馈意见，并对用户的意见表示肯定和认同，主动尝试请用户给出解决建议。

用户购买的新车，在行驶中突然出现加速抖动的情况，用户将故障情况反馈给了经销商，经销商经过多次检测、测试后并未发现车辆异常，但用户坚决认为车辆存在质量问题，会对今后行车带来安全隐患，要求退车。之后该用户反复投诉，厂家反复检核，坚持该现象属于正常现象，用户不认可，带领媒体及律师到店里沟通，并先后与售后经理及公司领导进行对话。

执着型用户往往不计后果，投诉过程中也不计任何成本，无论如何也要讨个说法，甚至自己承担所需费用也在所不惜。应对执着型用户投诉的基本技巧：委婉但明确地让用户了解处理的底线，降低用户不切实际的期望；收集足够的信息，重塑用户信任；可请用户信任的第三方参与处理，一起劝导；可以给予一定的善意补偿；如有机会就要当机立断，迅速解决。

　　白女士驾车来经销商门店做例行保养，服务顾问承诺一个小时后交车，但是车间作业将近2个小时才完毕，服务顾问随即到用户休息区告知用户，并邀请用户到结算处结算，用户质问服务顾问为什么不按约定时间交车。服务顾问向白女士解释延误交车是因为排队等待洗车时间较长。白女士认为服务顾问服务态度不真诚，在店内多次拨打400电话要求店内领导做出合理解释，店内领导出面提出保养费用折扣方案求得谅解。白女士认为店内领导处理问题敷衍，服务态度强硬，不认可处理方案，并要求厂家领导出面解决问题，如得不到满意答复，将通过其他渠道曝光该店服务问题。

　　除以上常见投诉用户类型外，投诉处理人员还可能遇到发烧友型、心理求偿型、刁蛮讹诈型、理智型等用户，以下简要列明应对技巧。

　　发烧友型用户是真正的VIP用户，对汽车产品和公司有很高的期望，对投诉问题颇有些"恨铁不成钢"的意味，他们可以批评，但不许其他人批评。此类用户投诉是希望提出中肯的意见，让公司和产品越来越好。发烧友型用户投诉基本应对技巧：用户对品牌产品的知识如数家珍，不一定比投诉处理人员具备的知识少，所以处理人员的态度一定要诚恳、谦虚，否则话不投机，可能引发投诉升级；认真记录用户提出的意见与反馈，反复确认，让用户感受到被重视；对用户的意见及时跟进并反馈给厂家或店内相关领导。投诉解决后，不定期邀请用户参与公司的VIP用户互动活动。

心理求偿型用户在消费过程中，内心有不满情绪，寻求发泄和安慰，投诉后不愿纠缠，发泄完后对投诉解决漠不关心，不愿意与投诉处理人员接触，更不愿面对面商谈，也不会协助关闭投诉单。心理求偿型用户投诉基本应对技巧：这类用户对体验和情感的需求高于常人，他们敏感、脆弱，遇事不冷静，容易激动。投诉处理人员在沟通过程中应注意言语和语气，温柔和善，如用户需要一段冷静期，安抚效果更佳。

刁蛮讹诈型用户的重点在于获得补偿，见好就收，没有耐心，存在"我要尽量争取一些福利，反正服务人员或经销商肯定有这方面的权利"的心态。刁蛮讹诈型用户投诉应对技巧：他们往往了解法律和平台规则，或者用其他行业现象逻辑偷换概念，以此为讹诈的技术性突破点，让投诉处理人员感到棘手。日常工作中，由于服务人员经验不足，需要投诉处理人员完善自保机制，谨慎接待刁蛮讹诈型用户，必要时可采取冷处理方式。

理智型用户头脑冷静且逻辑性强，情绪稳定，有耐心，对事不对人，讲究原则，直击问题核心。理智型用户投诉应对技巧：真诚对待，不要试图隐瞒或蒙混过关；就事论事，在合理范围内，按正常的处理流程操作；尊重、明理、高效是最好的应对手段。

用户投诉处理过程中，投诉处理人员除了"察言观色"，判断用户类别，采取相应的应对技巧外，还可以通过用户的微表情和语言表达，了解用户心理变化。投诉处理人员需要总结投诉处置话术，以备不时之需。

用户表示："刚买车的时候销售表现还不错，现在出了问题连个人影都找不着。"

用户想法：销售人员只有在卖车的时候最勤快，卖出去之后有事儿就联系不上了。

应对参考："真是太抱歉了！不是不愿与您联系，而是怕打扰您，正好，借着这个机会去拜访您一下，还请多多指教！"

用户表示："车刚买不久就出故障，质量怎么这么差？"

用户想法：花了那么多钱买的车，不是这儿有问题，就是那儿有问题。车辆这么多问题，还能开车上路吗？心里真没底。

应对参考："请您放心，只要是车辆的问题，我们肯定会负起责任。您看什么时候方便，到店后我和您一块儿到车间让技术总监检查一下。"

用户表示："一个简单的维修让我在店里等了一下午!"

用户想法：修车师傅技术能力不行，这点问题都修不好，下次肯定不会再来了。

应对参考："非常抱歉，确实是我们技师的问题导致您等了很久，我已经安排了技术总监为您处理，预计20分钟左右就可以处理完毕。为我的服务不到位表示抱歉，特意给您申请了一份小礼品，还有一个机油滤清器，希望您能接受。下次您提前找我预约，保证不会再出现类似问题！请您放心！"

六、投诉处置技巧：细心观察、坚持立场

投诉处理过程中需要识别用户的沟通诉求，分清被投诉事件责任，协商赔偿标准或善意补偿额度，谈判达成和解协议是解决投诉问题的关键环节，也是投诉处理的核心。面对种类繁多的诉求，投诉处理人员要具备专业技能水平和较高的职业心理素质，作为投诉处理的核心人员要与团队默契配合，必要时也需要把自己当成"演员"。

(一) 重视投诉用户"告知"的信息

用户投诉处理中，双向沟通是基础，贯穿整个处理过程。

通过沟通，了解用户心理，摸准用户诉求是前提条件。汽车行业常把用户在经销商产生的信息分为静态信息和动态信息。静态信息是指用户车辆的基础信息；动态信息指车辆进店记录信息，用户与经销商的服务关系不断变化。这些重要信息需要服务人员日常有意识地收集。

服务人员与用户接触的每个环节都是信息产生的来源。通过观察用户的衣着、肢体动作，了解用户的性格、心理状态，达到挖掘用户"潜在"心理诉求的目的。

了解用户背景，一个人的行为习惯表现与所处环境关系甚为密切，这里的环境不单单指自然环境，还包括后期形成的交际环境，前者改变的周期较长，后者则随时发生变化，并且对人们的行为习惯影响最大。服务人员与用户接触的每个环节，都是了解对方背景的机会，所以投诉处理人员通过观察并整理分析获取的用户信息，可以建立用户的初步画像。

通过观察外表，初步判断用户的职业类型、社会地位等，这个过程称为"观相"。获取上述信息除了观察个人行为习惯表现外，还可以从气质、兴趣爱好方面着手。

（二）关注投诉用户的心理变化

与投诉用户沟通过程中，投诉处理人员可以通过言谈举止识别投诉用户的心理活动变化，他们会根据场景、时间及沟通对象的不同而发生变化。在处理用户投诉过程中，要充分考虑可能影响用户心理变化的因素，例如营造舒适的沟通交流场景、环境等，有利于维持投诉用户情绪的稳定。大部分经销商会选择较为封闭的洽谈室、会议室、办公室等场所处理用户投诉，这些沟通场所能够让用户放下防御戒备心理，并营造舒缓沟通谈判的和谐氛围，以此达到快速解决投诉事件的目的。

相反，不建议在用户休息区、服务接待区、展厅等人员较为密集的区域处理用户投诉，这不仅会影响其他用户休息和接待工作，还可能给其他用户造成信息误解，影响对经销商整体服务印象评价，无形中也增加了投诉处理人员现场处理的难度。另外，沟通的场景、环境也可根据实际谈话内容及气氛进行调整，如谈话过程中气氛较为压抑或火药味十足，可以将谈话的场景由会议室转向停车场、维修车间、用户车内等室外场景。比如，用户将车辆送到经销商处做售后保养，其间由于维修技师操作不当导致车辆损坏，在与用户商谈赔偿条件的时候，就应尽量将用户带离"事故现场"，找到一个适合洽谈沟通的区域，避免现场沟通时，用户看到损坏的爱车情绪激动，从而导致投诉处理人员在事件处理过程中处于被动局面。

投诉处理人员根据用户情绪变化，选择符合用户需求的沟通场景，对用户心理产生积极的影响，引导双方沟通进入主动、融洽的氛围中，这样做可以避免投诉处理中出现极端行为或者非理性过激行为，既有助于解决用户问题，又能让用户感受到被尊重，最终投诉处理人员提出的解决方案能够顺利地获得投诉用户的认可。

在经销商门店，适合用户投诉处理洽谈的场所有：

◎ 封闭的洽谈室/办公室

◎ 销售、售后接待区

◎ 停车场

◎ 销售、售后交车区

◎ 维修车间

◎ 车辆竣工区

投诉处理人员除了懂得运用沟通场景引导用户情绪外，还要及时关注用户的肢体动作变化、眼神变化、微表情变化和语音语调变化。

下面提炼出针对用户肢体动作变化的识别注意要点：

◎ 交谈中手插口袋或双手置于胸前，表示用户有防备心理，尚未建立与投诉处理人员的信任关系；

◎ 落座后双腿交叉表示用户在精神、情感或身体上的自我封闭，意味着用户可能不会在诉求方面让步；

◎ 摊开手掌是诚实的传统表现方式；

◎ 不停摸脸、搓手，表示用户心情紧张、焦虑，投诉处理人员需要及时安抚、照顾用户情绪；

◎ 抖腿是内心不安的表现；

◎ 耸肩表示困惑，可能不明白对方在说什么；

◎ 频繁地看时间，表示用户时间紧迫或没有耐心。

投诉用户的眼神反映出用户心理的变化。比如目视的方向、方位，眨眼的频率，眼球的转动速度等，能够传递和表达不同的心理信息：

◎ 视线经常停留在投诉处理人员的脸上或与投诉处理人员对视，说明用户对沟通内容很感兴趣，急于了解对方的态度和诚意；

◎ 谈及价格等关键内容时，用户时时躲避，避免与投诉处理人员对视，说明用户对价格不满意；

◎ 视线左右转移、眼神闪烁不定，说明用户对目前所谈的内容不感兴趣，但又不好意思打断谈话而产生了焦躁情绪；

◎ 说话和倾听时，用户视线偶尔瞥一下对方的脸便迅速移开，说明用户并没有十足的诚意或者存在戒备心理；

◎ 眨眼的频率明显高于自然眨眼的频率，说明用户对沟通的内容或对象产生了厌烦情绪。

与投诉用户沟通时留意面部表情也可以传递重要的信息：

◎ 眼睛轻轻一瞥、眉毛轻扬、微笑，表示有兴趣；

◎ 眼睛轻轻一瞥、皱眉、嘴角向下，表示疑虑、批评或敌意；

◎ 亲密注视（视线停留在双目与胸部的三角区域）、眉毛轻扬或持平、微笑或嘴角向上，表示对谈话的人感兴趣；

◎ 严肃注视（视线停留在对方前额的一个假设的三角区域）、眉毛持平、嘴角平平或微微向下，表示严肃；

◎ 眼睛平视、眉毛持平、面带微笑，表示不置可否、无所谓；

◎ 眼睛平视、视角向下、眉毛平平、面带微笑，表示保持距离或冷静观察；

◎ 眼睛睁大、眉毛倒竖、嘴角向两边拉开，表示发怒、生气或气愤；

◎ 瞳孔放大、嘴巴张开、眉毛上扬，表示愉快、高兴；

◎ 眼睛睁得很大、眉毛向上扬起、嘴角持平或微微向上，表示兴奋与暗喜。

下面整理出投诉处理过程中投诉用户表情状态变化的应对方法：

◎ 发现用户出现脸红、呼吸急促、声音发抖等行为时，表明用户十分紧张。处于紧张状态时，人往往无法快速聚焦问题的核心，应对反应变慢，思路和逻辑表达比较混乱。这时，需要投诉处理人员放慢交流速度，重复用户话语，安抚用户情绪，不要着急，帮助用户缓解紧张，并快速聚焦核心问题。

◎ 用户处于放松状态时，一般呼吸比较均匀，小动作较少且无规律，语言表达思路清晰，投诉处理人员在谈判交流时要充分尊重投诉用户的想法，当投诉用户阐述某些非事实观点情况时，适当表露出站在个人情感的角度对用户行为表示理解，同时，不失礼貌地告知对方投诉处理的原则与边界，与投诉用户一起探讨双方都能够接受的解决方案。

◎ 当用户面部肌肉收缩明显、表情低落，说话声音较大时，此时用户不愿意过多表达，投诉处理人员需要采取一些不刻意的言语或动作安抚，抚慰用户情绪，通过事件观点引导，事件过程各环节梳理，让投诉用户了解整个事件过程，同时表达出最终诉求，逐步达成双方认可的解决方案。

投诉处理人员对用户语音语调变化的识别：

◎ 公事公办的态度：您好！您好！您好！

◎ 冷漠的态度：（面部冷静）您好！

◎ 热情的态度：（面带微笑）您好！

◎ 惊讶的态度：哦，您好！

（三）明确投诉处理人员的角色和定位

投诉处理过程中，投诉处理人员要明确自己的角色和定位，这将有助于问题的解决。投诉处理人员如果无法正视自身的角色定位，就无法坚持正确的观点，可能会受到用户情绪波动影响而预设自己的立场，增加顾虑和担忧，在整个事件的处理上畏手畏脚，最终导致事件处理失控，诱发投诉升级或演变成舆情事件的严重后果。

◎ 对于用户而言，投诉处理人员是投诉受理方的"话事人"和"决策者"，具备对所有问题都应且能给予解决的职权；

◎ 对于厂家而言，投诉处理人员是品牌服务的"代言人"，有上传下达的作用，向厂家反馈服务问题的同时，也应将厂家政策分享给用户；

◎ 对于经销商而言，投诉处理人员是对外的问题解决窗口，具备店内资源统筹、协调的权限；

◎ 对于投诉处理人员而言，解决用户投诉问题是本职工作，超出权限范围的事项要及时上报（见图3-2）。

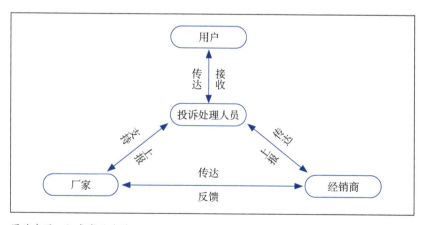

图片来源：凯睿赛驰咨询

图3-2　投诉处理人员的角色

在用户投诉处理中，投诉处理人员除了要明确角色定位外，还要依据场景中的角色阐述相应的观点。面对因用户自身问题产生的投诉，投诉处理人员应积极、主动地对用户进行引导和安抚，解决用户投诉；如果是产品质量、服务质量或由经销商原因造成的投诉问题，都应在品牌经销商运营范围内闭环处理。投诉处理人员应遵循"问题在店内产生，亦应该在店内解决"的处理原则，全程主动与各业务部门配合协调，待解决投诉用户问题后，再由经销商相关人员启动内部"追责问责"机制。

不论遇到哪种类型的投诉，作为投诉处理人员都要坦然面对，不逃避、不推卸、尊重客观事实，从维护用户利益的角度出发，树立资深职业形象；处理过程中展现职业风采，态度诚恳、言语大方，对于需要解释的部分，主动告知用户，沟通表达公平和公正，论述观点有理有据，这样才可以让投诉用户感受到投诉处理人员并不是站在用户的对立面，而是与用户一起解决问题，增加双方信任度。

站在用户角度，厂家与经销商既是独立运营的公司，又属于业务链的整体。所以，用户对产品质量问题或服务问题不加区分，认为均是经销商理所应当需要承担的责任。这并非用户有意为之，而是经销商和汽车厂家的业务联系紧密，普通用户无法区分其各自应当承担的责任。但是，服务人员清楚汽车厂家和经销商的职责范围，惯性思维约束了他们的思想，切断了解决用户投诉的变通之路。比如，我们经常会听到"这是厂家的问题，不归我们管……""我们也在和厂家协调……""厂家也没有给出具体的处理方案，我们也没有办法……"等不和谐的声音。作为优秀的服务人员应避免向用户传递"事不关己"的观点，主动成为问题的终结者而不是推诿者。当自己主动承担责任后，才不会让用户感觉是在推卸责任。

经销商不仅担任产品销售、售后服务工作，而且发挥所在地区汽车厂家品牌理念的宣传作用。作为汽车厂家的延伸，经销商视用户为珍贵的宝藏，理应重视用户的意见与反馈，这些建议是发现体验痛点的无形财富。重视每一位投诉用户，专人记录并分析问题产生的根源，执行改善方案，持续提升服务运营能力，这也是经销商服务优化最有效的竞争优势。

（四）有效的沟通表达

汽车用户投诉处理的沟通是指用户与投诉处理人员及其他服务人员之间通过语言、文字或其他形式，进行信息传递和想法交换的过程，是双方分享信息、表达思想情感，以及用户表达诉求的渠道。在用户投诉处理过程中，有效的沟通会促进投诉问题的解决或协议的达成。

虽然服务人员具备沟通能力，但是，他们却不太注重区分有效沟通和无效沟通，不经意间在与用户交流时埋下隐患。

有效沟通是指在双方交流过程中，服务人员重视语音和语调的变化、词义和逻辑的准确，将沟通语言黏合交流的场景、氛围，准确理解和表达诉求，通过沟通的方式化解用户不愉快的经历和不好的情绪。

与投诉用户展开有效沟通前，投诉处理人员需要做好充分的思想准备和信息收集。首先是思想准备，要站在用户的立场上思考问题，而不要预设立场给用户下定义，比如认为投诉用户就是想占便宜，投诉用户没事找事等。其次，尽可能多地收集信息，汇总分析造成用户投诉的根源，重视随着沟通深入、场景变化、话题转变等不确定因素的变化影响，投诉处理人员须及时进行投诉用户信息的收集与分析，随时调整沟通策略。

对投诉处理人员来说，无效沟通无疑是火上浇油。可怕的是，很多人还不清楚什么是无效沟通，却总在使用无效沟通去处理投诉事件。无效沟通指处理投诉问题过程中简单粗暴，仅起到一个传话筒的作用。我们常常会听到投诉处理人员这样讲："我会记录的……""我会上报给……""领导的意思是……"，还会按照自己的语言习惯和风格沟通，"我觉得……""我认为……"是口头禅，更常见的是投诉处理人员习惯性地站在用户对立面解释问题，"这是公司规定的……""这是厂家决定的……""这是我们集团规定的……"，或者在与投诉用户沟通或交流的过程中频繁使用用户听不懂的专业术语。以上这些无效沟通方式，不仅加深了投诉用户解决问题的抵触心理，还增加了全盘否定为用户解决问题所做的一切努力的风险。

　　用户张先生，在某经销商处完成车辆维修保养后，开具了维修发票，到单位进行费用报销时，发现发票抬头开错了，打电话给店内服务人员要求更换，店内服务人员礼貌地答复："张先生，您在开具发票时为什么没有检查呢？重开发票需要您到店进行更换，店内暂时没有送发票的业务，望您体谅！"

　　用户："我的车做完喷漆后，为什么喷过漆的部位看起来更亮一些？是漆料不一样的原因吗？"

　　服务人员："那是因为漆面氧化造成的。"

　　用户："什么是漆面氧化？"

　　服务人员："这您都不知道啊？……"

　　投诉处理人员通过自身的沟通表现，让用户感受到其专业的、严谨的处事态度，缓解用户愤怒、反感或抵触的情绪，与用户建立信任关系。如果处理人员缺乏良好的沟通表达技巧，不适当的沟通方式和处理方式有可能产生汽车厂家负激励，诱发用户产生负面情绪，继而产生非理性的维权行为或者不合理的补偿要求。

　　有效沟通过程中需要挖掘投诉用户的隐性诉求。我们经常会遇到投诉用户"冠冕堂皇"地诉说自己的理由，但是，如果按照他们的要求去改正，用户往往不置可否，这是由于投诉处理人员没有把握住用户的隐性诉求。投诉处理人员虽然不想忽略用户的隐性诉求，但是它们的确很难挖掘，而且有时需要凭借经验去猜测用户的隐性诉求，更有甚者需要不停地试探诉求底线。投诉处理人员在沟通过程中，凭借经验预测用户隐性诉求的方法有：

◎ 环境需求预测：考虑到用户投诉时的情绪变化程度，投诉处理人员应营造一个相对安静、私密性较好的空间环境，避免预测过程中被干扰；

◎ 信息需求预测：在与用户沟通的过程中，涉及行业知识及信息，如服务价格、维修质量、服务态度等，通过投诉用户对哪些信息反应强烈的预测展开有针对性的试探挖掘；

◎ 情感需求预测：在沟通过程中，用户希望获取的心理情感，理解、关注、同情或是被赞美等，需要投诉处理人员敏锐洞察并酌情展开具有针对性的情感关怀，在拉近情感距离后尝试预判；

◎ 实现有效的沟通还需要做好准备工作。例如，了解用户信息（人、车）、可能使用的工具（资料、图片、数据、道具等）、良好心态等。同时，遵循处理原则，立即采取行动；

◎ 和用户一起检查投诉问题处理情况，如果有必要请维修技师现场协助展开终检交车；

◎ 处理过程中主动、及时向用户汇报进度、方案，观察用户的情绪变化，如遇到负向变动，及时调整策略；

◎　投诉问题解决或者有最终结果立即与投诉用户取得联系并告知；

◎　确保用户对处理结果表示满意后，持续跟进，与用户建立信任关系。

沟通过程中的禁忌，同样需要投诉处理人员关注：

◎　讲不出大道理，"车轱辘话"反反复复，提不出解决方案；

◎　未取得投诉用户信任时，急于得出结论；

◎　一味地道歉，随意答复用户，敷衍了事；

◎　言行不一，缺乏诚意，违背承诺，推翻之前观点与解决方案；

◎　交谈中忽视投诉用户情绪，如说"这是常有的事"；

◎　态度强硬，如"你要知道，一分钱，一分货，绝对不可能……""这个我不清楚，找媒体是您的权利，我也没有办法，如果您不相信我们，您可以找第三方去鉴定"。

（五）有效的谈判技巧

谈判是解决投诉的必经之路，也是双方精力较量的博弈场。谈判过程通常时间不长，但却消耗双方大量精力，也是解决问题的关键时刻。

谈判由谈和判两部分组成。"谈"是指双方或多方之间的沟通交流过程或方式。"判"是通过谈形成的最终决定，可以是一个处理结果或一份达成的协议。

有效的谈判，需要在双方沟通和交流的基础上，充分了解对方的诉求，设定谈判目标后，做出双方都满意的决定。谈判是从对方获得自身利益的基本方式，更是双方博弈，双方努力从各种方案中选择既能满足己方利益，又不会引起对方否定方案的一种交流方式。

谈判具备以下特点：

◎　通过各种策略和技巧协商沟通，达成目标或目的；

◎　谈判没有所谓的输赢，只有更符合谁的需求和利益；

◎　成功达成协议的谈判，广义来讲双方都没有损失。

投诉处理有效谈判的衡量标准是，增进或至少不损害双方利益，过程高效，结果双赢。在谈判环节中，投诉处理人员尽可能为投诉用户争取利益，同时也需要维护经销商的利益。

谈判的本质就是双方心态和情绪的较量。经验丰富的投诉处理人员可以迅速了解对方的需求，预判对方可能要采取的行动。

投诉处理人员与投诉用户的谈判，既无须剑拔弩张，也不必上升为个人利益之争，不激怒用户和不被用户激怒是投诉处理人员谈判心理成熟的表现。投诉处理人员需要把控以下基本原则：

气场：谈判是高度消耗能量的过程，往往谈到后期，双方已经精疲力竭，谁的精力充沛谁获得主动权的机会就更高。保持高昂饱满的精神状态，发挥群体意识、凝聚力，逐渐瓦解谈判对手的斗志和士气；

攻心：谈判既是事实辩论，又是心理之争。事实在谈判后期已经是辩无可辩，决定谈判达成协议的关键要素是心理防线。哪方的心理防线被攻破，哪方就失去了谈判的优势，更容易被对方说服，从而改变谈判态度，按照对方谈判目标达成协议；

实力：为了争取对自己有利的条件，谈判双方通常会在谈判过程中"秀"自己的实力，而且筹码越多的一方，往往不会一次性全盘托出。谈判一方要了解对方的情况及影响其实力发挥的主要因素，积极发挥自身的潜在能力；

变通：谈判人员在谈判中应根据谈判现场的变化，实时调整自己的谈判方案和战术对策，适应谈判的客观需要，化不利条件为有利条件，最终实现己方的既定目标。

谈判不是一个人能够处理的事情，需要一个团队，团队中的每个人都有自己的角色定位，整理出团队中每个人扮演的角色：

首席谈判代表：应由高水平专业人员担任，但不一定是职务最高的人员，同时应声音高亢，中年女性具有明显优势。首席谈判代表主要负责调动谈判资源，指挥谈判，明确谈判小组中其他组员的职责；

"红脸"：作用是让对方感到规则和制度压力，可以在谈判比较激烈或对方占优势时叫停谈判，减少对方在谈判过程中的短期优势，达到整体把控谈判节奏的目的；

"白脸"：在谈判双方意见分歧较大、陷入僵局时"白脸"可以发挥"调和"的作用。一般由投诉事件处理第一人担当，责任是保证谈判"不谈崩"，引导投诉事件顺利处理；

强硬派：谈判过程中采取强硬态度施压，留意观察谈判节奏，可根据实际情况主动提出否定对方的事实观点，并坚持自己给出的合理解决方案，确保在谈判过程中双方的注意力全部集中在谈判的目标上；

"清道夫"：负责投诉过程中所有观点的集中分析，确保谈判顺利进行，避免出现僵局，促使双方达成共识，同时防止双方讨论时主题跑偏，影响谈判效率。

谈判需要技巧，将技巧融入个人的谈判风格中，建立自己的谈判节奏和风格，树立信心，以此达到谈判结果符合双方利益的目的。

1. 不轻言让步

谈判过程中，过早释放善意往往达不到满意的处理效果。我们经常听到，当服务人员遇到强势投诉用户时，认为自己可以先做出一点让步，换取对方的善意，但结果对方往往得寸进尺。轻易地让出谈判筹码，并不一定会让对方感到诚意，反而会让对方认为有更大的让利空间。所以，只有在谈判将要陷入僵局或第三方调解角色加入后，"让步"才是保证与投诉用户彼此取得信任的前提。

2. 慎重对待首次"出价"

处理用户投诉过程中，很少有首次提出方案就能处理完投诉的情况，谈判双方都有心理预期，如果对方很容易就得到了自己想要的结果、利益，一定不会很满意，还可能产生自己被战胜的心理，所以不到谈判的转折点，切勿亮出自己的全部筹码。

3. 向用户抱怨没用，要有解决问题的方案

某用户车辆行驶5000千米，连续维修3次后，车辆在颠簸的路上底盘仍有异响，目前没有彻底的解决方案，用户进行投诉并要求做退车处理，投诉处理人员表示无法满足用户诉求。

错误应对

投诉处理人员委婉劝解用户：自己也希望车辆问题快速得到解决，但是目前厂家没有给出解决方案，自己也没有办法，为了解决车辆问题，自己压力空前巨大，而且经常失眠，已经严重影响到生活，希望用户能够理解自己的处境。

正确应对

投诉处理人员委婉劝解用户：车辆的问题没有彻底解决，

主要因技术诊断设备有限，考虑车辆故障的特殊性，已经向汽车厂家申请，要求厂家技术人员携带专业检测设备到店，现场诊断排除故障，请用户放心，车辆问题肯定能够彻底解决。

4. 不发泄个人情绪，冷静沟通

处理投诉过程中，投诉处理人员的情绪稳定是基础，不仅能展现个人职业形象，还能够在与用户谈判时占有主动权，所以沉着冷静的处事方式能够让用户更加信服。

当顾客购买的商品到货后，商家并没有兑现之前销售顾问对顾客的服务承诺。销售顾问告知顾客公司政策有调整，并不是有意欺骗顾客，而且告知顾客必须按公司新规定办事。顾客不接受，态度强硬，要求销售顾问兑现服务承诺，销售顾问非常无助乃至崩溃哭诉，告知顾客无法满足其要求，由于公司政策调整，自己也没有办法。

案例分析：顾客发泄情绪实属正常，销售顾问在与顾客沟通时应该保持冷静，在被顾客逼问时，应寻求领导支持，体现销售顾问的职业素养。按照公司制度流程处理顾客诉求。

5. 预设谈判底线

谈判开始前给自己设置一个底线，保持良好心态，不急不躁、不卑不亢，处事冷静，不被对方气势压倒，即便遇到强势的、难缠的投诉用户，也要牢记谈判底线。

汽车用户投诉事件谈判过程中，投诉处理人员应实事求是，不弄虚作假，不夸大其词；一定要坚持双方平等的原则，不能盛气凌人；做到解决问题目的明确，不能模棱两可；营造友好、轻松的气氛；建立相互尊重、互信的关系，不能让投诉用户在服务问题上"挑出毛病"。

七、常见投诉应对：具体分析、互利共赢

家用汽车作为大件耐用消费品，与用户的生命财产安全息息相关，用户对产品出现的质量或服务问题非常在意。他们不仅会通过投诉保护自己的权益，部分用户还会将使用产品的经历发布至网络上进行负面评价。用户投诉的首要目的是希望所购的产品或接受的服务达到预期，下面针对用户投诉类别进行总结归纳。

（一）服务类投诉应对

1. 投诉原因分类

主要的投诉原因有：服务态度不佳、等候时间过长、车辆维修不合格、服务承诺未兑现等。针对不同的投诉原因，应对的技巧与方法也有所不同，下面详细举例。

服务态度差：服务过程中，服务人员存在服务态度不热情、问题解释不清楚、对用户缺乏耐心、用词不当等情况，激

怒了用户，引发投诉。

应对原则：主动回应，不抗拒，不推诿，真诚且具有同理心。

应对技巧：服务人员第一时间向用户致歉，承认自身工作上的疏忽，表明重视用户的反馈，承诺类似问题不会再次发生。如对用户造成经济损失，应主动进行补偿。

等候时间过长：用户进店后长时间无人接待、长时间未安排维修、长时间等待结算、配件到货不及时、维修过程中出现意外状况等，导致用户等待时间过长，或用户自认为等待时间过长，进而引发投诉，这类投诉在经销商售后服务中十分常见。

应对原则：及时回应，避免"甩锅"现象发生。

应对技巧：首先要向用户表达歉意，车辆维修过程中，及时向用户通报维修进度，对在店等待的用户当面告知，对未在店等待的用户可以通过电话、短信、微信等形式告知，并告知预计交车时间。车辆维修时间较长时，建议服务顾问在汽车的销商管理系统（DMS系统）记录情况，当日下班后针对该用户进行电话关怀回访，避免隔日回访造成用户产生更强烈的抱怨情绪。

车辆维修不合格：车辆故障首次未排除，导致返修；同一问题多次出现，故障长时间未能解决；维修过程中未对车辆进行有效防护，车辆清洗不干净；等等。此类投诉在车辆维修投诉中占比较大。

应对原则：过程展示公开透明，解释说明要详细。

应对技巧：投诉处理人员与维修技师团队默契配合，投诉处理人员做好服务解释及用户情绪安抚工作，维修人员做好维修工作，对维修项目进行专业讲解，使用户感受到车辆故障处理的复杂性。切记各个岗位分工明确，各司其职，不要重复解释，解释过度容易让用户反感。快速准确的修复、适当的安慰和补偿有利于平息用户的不满情绪。

服务承诺未兑现：经销商未按照约定时间交车、结算金额超出预估报价、使用非原厂配件、未按照用户要求维修或未授权维修等，此类投诉更多与经销商内部管理有关。

应对原则：主动承认存在的问题，争取用户谅解。

应对技巧：诚恳致歉，详细说明承诺未兑现原因，主动承担责任，表达积极处理问题的态度，化解用户情绪，取得用户谅解。站在用户立场，不质疑用户的理解能力，不否定用户的观点及看法，在权限范围内，可适当赠送小礼品。针对兑现延期的投诉，处理人员应主动为用户提供相关补偿方案，用户离店后以短信或微信的方式再次向用户诚恳致歉。

2. 投诉场景的应对

有在经销商处的现场投诉，也有非现场的电话投诉，不同投诉场景对投诉处理人员的要求不同，应对的方式及思维逻辑也不相同，所以需要投诉处理人员灵活掌握现场投诉与非现场投诉的应对方法。

下面根据两种不同的投诉场景做出应对解答：

用户现场投诉的原因是，没有人及时处理或者没有解决问题，导致用户情绪波动，提出投诉。投诉处理人员应第一时间安抚用户的情绪，让用户感受到被重视。投诉处理人员在与投诉用户接触时，需要做到：

◎ 已经全面了解投诉事件的发生经过；

◎ 确保个人情绪的稳定；

◎ 就是否同意由本人负责处理投诉事件征求用户意见；

◎ 预备不少于三种的处理方案。

投诉受理过程中的应对思路：

◎ 主动向用户表达歉意，态度端正；

◎ 请用户叙述事件经过，与之前掌握的信息进行比对；

◎ 表达用户诉求能够得到解决的决心；

◎ 代表经销商与用户沟通，通过严谨真诚的态度，获得用户信任；

◎ 委婉试探用户预期；

◎ 不直接答复用户提出的补偿条件；

◎ 试探性地提供解决方案，根据用户态度变化，循序渐进地调整方案。

用户投诉处理完毕后，经销商服务人员要开展内部反省：

◎ 造成突发性用户投诉的原因；

◎　工作中有哪些方面需要改进，可以有效预防用户在店内投诉；

◎　发生投诉后，须明确第一时间为用户解决问题的岗位人员；

◎　根据投诉引发的问题和处理结果，对相关人员进行奖惩。

用户在店内投诉，会使经销商的形象受损，影响其他用户对经销商的信任和满意度。所以，除了复盘投诉处理过程，对投诉的预防也至关重要。经销商应开展相应的投诉预防培训，确保每名服务人员对用户投诉及预防都有深刻的理解和认识。

非现场电话投诉处理中，电话接听人员要注意用词准确和语气和善，避免引起用户的反感或误解，导致用户情绪更加激动，造成投诉升级。

◎　了解用户电话投诉的需求后，及时安抚用户，平复用户的激动情绪，根据用户体验展开各个场景下的业务风险预防，只有做到预防，才可降低投诉风险。

服务人员与用户电话沟通中需要用户记录反馈信息：

正确的方式："先生/女士，请问您方便记录吗？"得到用户肯定答复后，服务人员立即回答："好的，请您记录……"如遇到用户不方便记录的情况，服务人员要主动告知挂机后会以短信形式汇总用户信息及诉求发送给用户，请用户注意查收信息，如有问题请致电本机号码，并主动留下姓名或工号，方便用户对接事件处理人。

错误的方式：不征求用户意见，直接询问："您准备记录一下……"

不能及时提供配件价格及库存会引起用户对服务人员专业性的质疑，甚至引起用户的抱怨或者投诉。遇到用户来电咨询配件价格时，切记提示用户，报价仅供参考，实际价格要以到店后系统开单为准，防止用户对配件价格产生异议而引发投诉。

正确的方式：通过查询后回复："经确认 ×× 配件价格为 ×× 元，此价格仅做参考，具体以最终消费为准。"

错误的方式："对不起，我这里查不到价格/我们没有配件报价业务，请您拨打某电话咨询一下吧。"

当用户致电咨询车辆发生的某种现象是否属于故障时，电话接听人员要根据用户描述的现象，给出初步的诊断意见，如果涉及行车安全隐患，告知用户第一时间进店检查，同时应告知发生故障期间车辆驾驶注意事项，体现专业水平，同时也让用户感受到经销商用心的服务。

正确的方式：通过电话指导用户检查车辆，若确定不了故障原因，则回复用户："为了给您提供更全面的服务，我会安排专业维修技师来解决。"如果车辆无法行驶或其他状况导致车辆无法使用，回复用户："将安排专业的救援人员检测车辆故障原因，请您耐心等待。"

错误的方式：直接引导用户选择附近的经销商处理，或不过多解释，简单引导用户进店检测。

3.典型服务类投诉案例解析及回应

用户车辆未及时派工，导致车辆无法按时交车，从而引发用户投诉。

回应："先生/女士，非常抱歉，由于车间内维修压力较大，您的车开工时间稍微延迟了一点，导致不能准时交车。不过您放心，我刚才与车间技师确认了一下，预计延时30分钟左右，这期间我会随时关注车辆维修进度，只要车辆终检完毕，我会第一时间通知您！因我们内部的问题影响到您正常的用车时间，确实非常抱歉，但是为了保障维修质量，还请您多理解！"

因车辆故障诊断复杂，需要延长处理时间，无法按原计划时间交车。

回应："先生/女士，刚才我到车间确认车辆维修进度，由于车辆故障诊断较为复杂，需要一些时间，我与技师确认了一下，大概需要延时交车40~50分钟。您这边有没有着急要处理的事情？我们可以为您申请司机送您到办事地点，别影响了您接下来的行程安排。"

未到预计交车时间，但用户一直催促进度，着急提车离店。

回应："先生/女士，您的心情我理解，我刚给您确认了一下维修进度，完全可以按照预计时间交车，不过看您这么着急，如果需要用车的话，我可以去找领导沟通一下，申请司机送您到办事地点。现在离交车还有不到半个小时，我现在去车间等候终检，为您快速办理相关交车手续，您看可以吗？"

用户根据预计交车时间到店，车辆已经维修完毕，正在排队洗车，尚未终检交车。

回应："先生/女士，实在抱歉，我刚去车间确认了一下，车辆目前正在排队洗车中，还需30分钟左右，耽误了您宝贵的时间，实在不好意思。您在休息室休息一下，我现在去现场协调！"

车辆同一问题多次维修，用户表示不满。

情况一：维修故障已彻底解决，用户要求赔偿及保证。投诉处理人员须在符合保修政策条件下，为用户提供相应的交通补偿费；向用户耐心讲解保修手册承诺条款内容；陪同用户多次试车，让用户感受到故障已彻底解决。

情况二：用户要求经销商做出承诺保证后再修车。处理人员须向用户检讨工作不到位；做出要把车辆故障彻底解决的承诺，主动承担责任；请上级领导出面解决问题，让用户感受到被重视；耐心讲解保修手册承诺条款内容；向用户解读"三包"政策，强调经销商严格按照国家法律法规开展业务。

回应：

◎　"先生/女士，您的车辆故障确实比较特殊，经多名维修技师检查才发现是消音器中节出现问题，之前我们确实没有遇到过类似情况！"

◎　"先生/女士，您的观点我非常认同，是我们的原因让您跑了这么多次，我向您道歉！"

◎　"先生/女士，保修手册内容写得非常详细，如果您允许的话，我给您再具体地解释一下手册里重要的内容！"

◎　"先生/女士，您放心，试车这么多次都没有出现问题，故障肯定解决了，这几天我还会持续跟进，您看怎么样？"

报修与实际维修不一致。

情况一：服务顾问在问诊环节故障记录出现漏项。服务顾问主动承担用户交通费；明确告知用户实际交车时间并询问用户有无其他需求；用户无异议后视情况向用户解释出现失误的原因；承诺彻底维修，请用户放心。

情况二：维修漏项，服务顾问未确认便直接交车。服务顾问主动向用户表示车辆故障排除有不到位的地方；邀请用户全程了解维修项目及排除故障方法；邀请用户一起试车以确认故障已彻底排除。

回应：

◎ "先生/女士，确实是耽误您时间了，您要去哪？我给您叫个车，费用由我们承担，您看可以吗？"

◎ "先生/女士，确认了一下，预计一个小时内可以交车，您看时间还来得及吗？"

◎ "先生/女士，您方便的话我带您去车间看一下具体维修情况，您看可以吗？"

◎ "先生/女士，维修技师正在给您的车辆处理故障，您这边还有什么不清楚的，我可以随时询问维修技师。"

◎ "先生/女士，不管怎样，是因为我的工作失误，给您造成了影响，您这么支持我的工作，确实让我觉得很不好意思！"

◎ "先生/女士，您说得对！确实不应该出现这样的失误！您看如果您没有其他问题的话，我可以带您回休息室吗？"

◎ "先生/女士，您的车已经修好了，我看这车您平时都是自己开，所以我去找领导申请了几张代金券，以后过来保养的时候可以优惠，我这边再看看有哪些不收费的项目可以给您把检查都做了，保障您的用车安全，这算是我对刚才工作失误的一点补偿，希望您能接受。"

事故车配件到货不及时。

情况一：无法确认配件到货时间，影响维修进度的，使用替换件先进行维修，避免因等待配件而延误正常维修进度；无替换件的，考虑用损伤的旧件直接修复，结余金额与用户沟通协商如何处理。

情况二：确认配件的具体到货时间，提前安排主修班组加班维修；车辆其他故障问题在征求用户同意后连带处理，并再次主动向用户诚恳致歉以获得用户原谅。

回应：

◎ "先生/女士，非常抱歉，这确实是我的工作失误，我们领导正在为您协调配件的事情，车辆维修这么长时间，确实是我的服务不到位，我向您道歉！您可以告诉我您的诉求，只要在职责权限内，我肯定不会对您有所保留的，请您放心。"（保证态度端正、诚恳）

◎ "先生/女士，我们领导正在给您协调，一有消息我立即告诉您，您看可以吗？"

◎ "先生/女士，我先请示下领导，下午给您具体的时间，您看可以吗？"

◎ "先生/女士，我非常理解您的心情，我们领导非常重视，并且一直在给您想办法解决。我们的服务的确存在一些问题，影响到您的用车体验，非常抱歉！对不起！"

◎ "先生/女士，给您汇报一下，我们领导通过区域协商，配件应该在××日内从其他区域调过来，到了之后我们会以最快的速度完成修复，预计一周之内可以交车。这几天车辆的维修进度让您上火了，我看您的车上还有其他的一些划痕，我已经向领导申请了，特意给您免费处理一下，来弥补我的服务不周，您看可以吗？"

◎ "主要是我的服务解释工作没有做到位，让您有了一些误解，不管怎样，等您的车修好后，我肯定向领导申请一些优惠，弥补这段时间给您造成的影响！希望能够得到您的谅解！"

◎ "先生/女士，您放心，我会在每个维修环节给您发微信视频的，保证让您随时掌握车辆维修进度！"

（二）产品售后类用户投诉应对

产品售后类用户投诉处理中，经销商对投诉的处理大部分属于被动的应对处理，因为投诉预防能力相对薄弱，经销商各部门更应该在日常工作中通力合作，达成默契，而不是互相推诿，加强服务人员对产品售后类投诉应对场景的演练，避免同类投诉反复发生。

服务顾问应重点关注同一故障进站维修两次以上的车辆，及时将相关信息通过维修任务委托书进行标记并传递给维修责任班组；维修责任班组针对此类车辆故障进行分析，查找故障原因，遇到无法判定故障原因时应第一时间求助技术总监；技术总监应对返修车辆、多次进店维修车辆每日进行汇总分析，为班组提供技术支持；维修车辆故障原因不明的，技术总监应及时向汽车厂商技术部门寻求援助；同时，前台主管/服务总监应每日关注用户动态，提供业务支持，每日汇总特殊故障车辆，联合技术总监共同制订解决方案；针对特殊问题，经销商与厂商应时刻保持沟通并寻求相关资源支持。

1．"非三包"类问题用户投诉应对

"非三包"类问题，顾名思义就是超出质保期，已不属于"三包"索赔范围内的业务。用户认为虽然车辆已经超出保修期，但因产品质量问题导致的严重车辆故障，是应该符合索赔条件的。还有一种情况是用户有意拨打厂家投诉电话，以达到免费维修更换的目的。

针对"非三包"类问题的投诉处理，经销商经常会以照顾性索赔或者善意维修、收费打折等方式来解决用户投诉，投诉处理人员可参考以下建议，确保更好、更顺利地完成投诉处理：

◎ 处理用户投诉过程中正确认识自己的角色（代表经销商、品牌形象）；

◎ 向用户解释时应区分个人观点及个人代表经销商的观点，防止用户对投诉处理人员产生不信任；

◎ 确保在用户情绪稳定且双方建立互信的前提下，向用户表明善意的处理方案，征求用户意见；

◎ 向用户表达处理的诚意，需要准备3种以上处理方案供用户选择；

◎ 态度端正、诚恳，积极主动处理，确保不让用户挑出服务态度问题。

2. 人为操作不当类问题用户投诉应对

此类问题投诉大多是因人为操作不当，导致车辆不能正常行驶，经销商遇到较特殊的投诉是刹车问题，导致车辆发生交通事故，或因其他问题发生事故时安全气囊没有弹开，基本的处理原则是在汽车厂商的指导下完成与用户的沟通谈判，多数经销商在处理过程中缺少自己的观点与立场，导致用户感受较差，甚至还引发投诉升级及媒体曝光。

用户联系经销商后，因经销商跟进处理不及时，用户通过产品质量爆发点传递个人抱怨情绪及投诉诉求，主要还是因为发生了问题没有人及时跟进处理。对此，投诉处理人员要向用户详细解释原因，对跟进处理不及时，或者在问题发生后没有专人第一时间解决问题而致歉，避免让用户感到敷衍或者不尊重。

因经销商服务人员处理特殊事件的方式僵硬化，造成用户心理抵触、抗拒沟通交流，这也说明与用户沟通时，投诉处理人员并没有真正地站在用户的角度去解决问题，过多的解释让用户情绪爆发并使矛盾升级，用户对服务人员产生不信任感。投诉处理人员应多倾听、少辩解，让用户感受到充分的重视，不仅个人表达出与用户的共情，还要以经销商代表的立场表达对事件处理的态度。适当做出一些权限范围内的承诺，这是获取用户好感或信任的一个加分项。

投诉处理人员在处理用户问题时，以维护用户利益为基础，尽量做到语言通俗易懂，逐渐消除用户的戒备防范心理。沟通过程中用户如有疑问，投诉处理人员应主动解答，识别用户诉求，判断诉求的合理性。如果是情绪化表达的非理性诉求，此时需要通过缓解用户情绪来解决用户心理认同问题。

3.配件投诉应对

常见配件投诉大多为配件到货时间长、承诺不兑现、订错配件等，针对配件到货时间长的用户投诉，业务人员向用户解释最多的是："厂家配件已经发送了，现在物流较慢，需要耐心等待。"用户对此的解读是：经销商也无能为力，耐心等等吧。这样的解读可能会增加用户拨打厂家投诉电话的风险，因厂家缺货问题导致配件到货时间长，确实不是经销商造成的，但经销商需要考虑在服务环节为用户提供更多的保障和服务。例如提供代步车、交通费用补偿，每天向用户汇报物流进度，额外赠送服务项目等均是经销商向用户展示服务态度的方式。

因订错配件导致的用户投诉，是经销商工作失误造成的，经销商应摆正态度，及时致歉，投诉受理过程中每日向用户主动汇报配件物流状态，让用户感受到经销商积极处理事情的认真态度。根据用户投诉反应的强烈程度，经销商要求相关责任人主动出面向用户致歉，征求用户谅解，表明经销商处理问题的态度及对用户的尊重。

如何预防有关配件业务的投诉？经销商应根据配件日报开展配件业务风险管控，建立标准流程并进行过程记录。以事故车维修为例，经销商在配件管理方面可以分阶段进行管控：

事故车进站后

事故车进站之初，经销商应及时核实保险理赔情况，结合事故情况配合保险公司商定车辆的定损周期并及时告知用户，同时告知用户车辆保险定损完成、开始配件订购及车辆预计维修时间。维修人员根据定损清单核实配件库存情况，如发现配件库存缺件，应及时提交订单，预计到货时间并告知对应的服务顾问，服务顾问确定预计交车时间后及时告知用户。

事故车辆定损后—配件订购前

保险公司定损完毕，经销商根据定损结果快速上传配件订单，如涉及特殊配件，应积极联系相关部门寻求订购，准确订购所需配件，避免二次订购。事故车往往涉及多次定损及边拆解边定损的情况，如需追加定损及订购需及时通知用户。

配件订购后—配件到货前

订单上传后经销商应及时跟进订单进度，及时与发货单位沟通发货进度，及时关注物流情况，以确保配件及时到货。

配件到货后—开始维修

事故车配件分批到货的情况较多，经销商管理人员应明确目前的维修进度及配件预计到货的时间，并告知主修班组交车时间。在维修过程中，服务顾问需及时向用户汇报每个重要的完工节点，保证用户了解配件到货情况及维修过程进度。

4.车辆故障无解决方案投诉应对

厂家没有解决方案，需经销商自行向用户解释，这是经销商经常会遇到的情况，处理的难点是没有解决方案，无法给予用户合理的答复，如果处理过程中投诉处理人员的情绪控制不好，容易导致用户投诉升级。

此类投诉处理事件中，大部分经销商的处理方式均是被动处理，投诉处理人员过于聚焦"无解决方案"，而非向用户解释汽车厂商给出的意见，缺少同理心，未从用户的角度出发，让用户感受到的是推诿、抗拒、冷处理等，最终导致投诉事件升级为负面舆情，对品牌、经销商的声誉造成损害。

车辆故障无解决方案投诉应对事项：

◎ 不要立即告知用户没有解决方案，宜采取循序渐进的策略（取得用户信任）；

◎ 尽量主动上门进行沟通及安抚工作（维系用户关系）；

◎ 沟通过程中积极主动，识别用户需求，尝试挖掘用户诉求（与用户建立同盟关系）；关怀用户的亲属及家人，侧面取得用户对本人的认同及信任（用真诚化解用户的抗拒情绪）。

5.非常规业务投诉案例

（1）在门店拉条幅/斗殴

车主花60余万购买了一辆豪华品牌SUV，提车第2天车辆就出现了传动轴、水泵故障。服务人员表示车辆问题与经销商无关，不可能退车，建议车主自费维修。车主认为经销商不作为，找来了一辆工程车在店门口拉横幅，希望通过这样的方式让经销商和厂家重视起来，做退车处理。

案例点评：经销商应给出合法合规的解释和三种以上有效的解决方案，供用户考虑商议并做出选择。简单的"非经销商责任"只会加剧用户的不满和与经销商的对立。

（2）集体抗议

2017年，某品牌大批SUV车型的车主曝出车辆出现了机油方面的问题。伴随着事件的不断发酵，全国各地出现车主集体抗议维权，要求厂商给予相应的解决方案，事件一度冲上某社交平台热搜前三。

案例点评：因汽车厂商迟迟未给出解决方案且经销商未承担相应的社会责任，导致投诉事态恶化。

（3）车展维权

2021年4月，上海车展上一位车主站上某品牌车型车顶进行维权。

案例点评：针对用户"极端"维权的行为，现场处置"维权"的方式没有积极有效地控制事态的发展，汽车厂家未做出正面回应，而导致事件愈演愈烈。

（4）法律诉讼

2017年6月，福建一车主的某品牌SUV在下雨天停放一夜后，出现发动机进水现象。车主要求厂家解决处理，但厂家仅为车主拆下进气管道上的排水阀，未采取其他有效措施，并否认车辆存在设计缺陷。同年12月，数十名车主发起集体诉讼，将汽车厂家告上法庭。

案例点评：汽车厂商未能给出有效的解决方案而引发集体诉讼。

经销商针对非常规投诉问题，一方面要搭建投诉管理架构及投诉应对处理机制；另一方面要第一时间将问题反馈给汽车厂商，寻求汽车厂商进行协助处理，将投诉问题消除在萌芽状态，避免事件的进一步恶化和扩散，切勿以"没有解决方案"或者"满足不了用户的诉求"为由置之不理，任由事态发展。

（三）"顽赖"型用户投诉应对

"顽赖"型用户是经销商在实际业务中遇到的特殊用户群体，此类用户属性可分为"顽固"用户及"赖皮"用户，故简称为"顽赖"型用户。"顽赖"型用户虽占比不高，但处理此类用户投诉会花费投诉处理人员大量的时间和精力，会让经销商业务的开展相当被动，此类用户极易影响投诉处理人员的个人情绪，导致双方对立，投诉升级。

1. "顽赖"型用户的形成原因

形成"顽赖"型用户的原因有很多，一部分源于用户自身性格或特殊目的，另一部分可能与经销商前期问题处理不当有关：

◎ 对用户投诉的问题没有解决方案，且未及时向用户解释说明、未安抚用户情绪；

◎ 处理过程无人跟进，或跟进频次较低，用户未得到充分关怀；

◎ 沟通过程中投诉处理人员言语不严谨，表达方式随意，导致用户产生抗拒心理；

◎　投诉处理人员推诿、不及时出面处理，让用户感受不到尊重；

◎　经销商经常以"厂家"为借口，用户感受不到经销商的服务价值；

◎　未及时改善用户服务体验，导致用户对经销商的服务失去信心；

◎　遇到服务不满意时，用户找不到快速解决问题的渠道。

"顽赖"型用户群体更关注经销商提供的服务的价值。经销商在开展业务的过程中，应更关注用户的隐性服务需求，减少"顽赖"型用户群体的形成。

2. "顽赖"型用户分类

"顽赖"型用户具体可以分为以下几种。

强势型"顽赖"用户，此类用户通常语言简短，习惯质问对方，不过多回答问题，要求与有决策权的人沟通。投诉处理人员在处理过程中，可适当重复此类用户说话的重点，让对方感觉到受重视；尊重用户，多使用敬语。

发泄型"顽赖"用户，此类用户通常将全部问题都归结于相关服务人员，用以发泄自身的不满情绪。此类用户之前已对某些人或某件事心存不满。投诉处理人员可给用户提供宣泄不满情绪的机会，认同、体谅用户的感受；肯定的同时给出正面的回应，寻找机会转换话题，让用户参与并做出决定。

喋喋不休型"顽赖"用户，此类用户话题很多，不是批评产品就是批评服务，以畅所欲言为特点。处理人员要尽量避免与用户闲谈，尝试多向此类用户提问题，判断用户的目的，引导用户的思路，提出合理的建议，获取用户的同意。

诸多要求型"顽赖"用户，此类用户通常会提出很多合理或不合理的要求，希望经销商能为其提供更多的优惠措施，或更多的服务和选择，对产品或服务的价格比较敏感。处理人员可耐心倾听，了解用户对产品或服务的需求，能满足的及时满足，不能满足的及时婉拒。

期望值过高型"顽赖"用户，此类用户因期望值过高而导致对产品或服务质量的不满。诸如按照国家技术标准产品已经合格，但用户仍然不满意（如产品噪声），提出对已购买产品进行维修、退换等要求。处理人员首先要确定汽车产品是否真的存在问题，耐心向用户解释产品标准等，获得用户的理解，邀请用户参与产品改进，对用户提出的建议和意见表示感谢。

需求索赔型"顽赖"用户，此类用户因自身权益受损提出各种不合理，甚至违背公司规定的赔偿要求。用户索赔诉求处理不当极易引发用户实施过激措施，处理人员面对用户要冷静，衡量利益受损程度，在公司规定的职权范围内酌情处理；提供多种解决方案供用户选择，索赔数额超过工作权限的，需认真记录用户需求，请上级协调处理。

3. "顽赖"型用户投诉处理的原则

针对特点各异的"顽赖"型用户，投诉处理人员需要掌握一些基本的处理原则：

（1）避免与用户争论。与"顽赖"型用户争论，只会放大问题，既影响投诉处理人员的情绪，又加深用户的不信任感，对于用户的否定、误解，可以尝试换一种方式解释；

（2）牢记服务禁语，避免火上浇油。例如，把责任推给用户："是你自己造成的，与我们无关""你弄错了……"；轻视用户："你没听明白""我不是已经告诉你了吗？""你应该冷静下来！""明白了吗？"；向用户下命令："你必须……""你本来应该……"；

（3）掌握说"不"的技巧。碰到用户需求不符合政策规定，违背法律法规、公司规定，配件紧缺无法满足用户要求时，投诉处理人员要学会说"不"。主动致歉，表达对用户失望心情的理解，为用户提供具备可行性的方案，向用户提供补救性服务；

（4）基本的应答原则：

◎　恰当使用提问，明确用户需求；

◎　有礼貌地回复用户的询问；

◎　主动提供适当的资料；

◎　对用户的情绪给予回应；

◎　向用户提供多种可选择的解决办法；

◎ 牢记对用户的承诺；

◎ 明确告诉用户回复问题的时间；

◎ 如需与其他相关部门联系或需要上级协助，需要与用户及时沟通，汇报处理进度。

4."顽赖"型用户投诉处理案例

案例一：当用户处于愤怒状态时，投诉处理人员首先要了解原因，针对原因做出解释，请用户理解。

用户："我不是来听你们的电话铃声的，你们的电话怎么这么久才接通？"

服务人员："抱歉让您久等了，今天的用户来电是多了一些，有什么可以帮您的吗？"

用户："我已经打过三次电话了，你们究竟能不能修好我的车？"

服务人员："您的心情我非常理解，很抱歉，这次的情况确实有一些特殊，我先查一下您的车辆信息及历史维修记录，我会在×分钟后给您回电，告知您合理的处理方案，您看可以吗？"

案例二：如果投诉处理人员表现出没有理解用户发怒的原因，投诉用户会变得更加生气。他会认为投诉处理人员根本没有听他讲话，自己没有得到应有的尊重。

服务人员："先生/女士，非常抱歉，您可以把刚才讲过的事情再讲一遍吗？"

用户："你们根本就没搞清楚，总是在质问我想要什么赔偿……你们总是认为我在无理取闹，故意刁难你们！为什么会这样，你们没有反思过吗？"

案例三：投诉处理人员要准确判断提问的时机。情绪激动的发怒者无法进入解决问题的状态。此时投诉处理人员要先安抚用户情绪，使其"火气"逐渐降下来。

用户："今天你们要是不给我一个满意的答复，我绝饶不了你们！看看今天谁更厉害！"

服务人员："您先消消气，我们正在积极处理您的车辆问题，您的心情我非常理解，确实是我的服务解释工作没有做到位，希望您给我一点时间，我肯定会给您一个合理的答复！请您相信我。"

案例四：转移话题，化解怒火。投诉处理人员可以适时提出相关话题，转移用户的关注点，缓和气氛。

用户："修了这么多次车，这次告诉我修好了，如果再出现问题怎么办？你们是不是得给我写个保证书？"

　　服务人员："维修这么多次，您的心情我非常理解，您要求我们给您写保证书，我个人认为是非常合理的，但是站在公司层面上，确实很难满足您的要求！不过汽车厂商都出具了《保修手册》，里面保修政策的条款都是给您的'保证'，所以如果您对维修质量产生质疑，可以根据《保修手册》监督维修质量，这样更具法律效力！请您放心，如果您不清楚里面的内容，我可以给您做详细的解读，您看可以吗？"

　　案例五：寻找"中场暂停"的时机。当投诉处理人员需要求助于上级做决定或变通时，可以暂停与用户的谈话，也可以缓和用户的怒气。

　　服务人员："我们谈了这么久，没有达成彼此认可的处理方案，我需要和上级领导汇报一下您的诉求，您也冷静思考一下我刚才给您提出的处理方案，您看可以吗？"

　　案例六：坚定自己的思路，不被用户带偏。当用户一直发火，反复指责时，投诉处理人员要坚定自己的思路，通过强调维护双方利益的话题，引导用户"走到"自己的思路上来。

　　用户："卖车的时候说得可好了，现在车有问题了，没有人处理了！这就是你们的服务吗？"

服务人员："我知道您很着急，我就是给您处理车辆问题的，您找我就可以！"

用户："找你这么多天，还是没有给我解决问题，你们就是这么服务'上帝'的吗？"

服务人员："的确给您带来了很多不便，我能给您解释一下吗？"

用户："解释半天也是那几句话，有啥可说的？"

服务人员："车辆的问题确实非常棘手，不然也不会用这么长时间排除故障，您的心情我非常理解，您在我们公司层面上就是'上帝'，在我这里您也是我的朋友，我对待朋友肯定是真诚的！请您放心，车辆的故障我一定帮您彻底排除！请您再给我一次做您朋友的机会！您看可以吗？"

案例七：投诉用户提出不合理要求。投诉处理人员采取各种安抚手段后，用户依然情绪激动，并且实施影响店内正常经营秩序的行为，投诉处理人员须态度坚定地向对方提出要求。

"先生/女士，我现在郑重地告知您：请您立即停止影响我们正常经营秩序的行为！您的行为我们全程都有录像取证，如不停止，我会报警处理！"

（四）非理性事件应对

当用户的合法权益受到侵害，或用户自认为权益受到侵害或遭受不公正待遇时，采取堵店门、拉条幅、恶意投诉等行为向经销商施压，以得到自己所期望的高额赔偿，此类行为可称为非理性事件。

造成非理性事件发生的主要原因：用户与服务人员沟通不畅的外部因素，例如，因用户诉求未得到满足、服务顾问与用户沟通有误解、未明确答复处理意见、服务人员态度恶劣，激化服务顾问与用户之间的矛盾等；也有经销商管理不到位的内部因素，例如，管理人员不重视用户投诉、缺少专人负责处理投诉、处理小组内部配合默契度低、用户关怀跟进重视程度不够等。

虽然非理性事件发生的原因、用户采取的维权方式不尽相同，但也有基本的处理方法及原则：

◎ 坚持原则，不受用户行为或情绪影响，不与用户发生正面冲突；

◎ 利用内部监控设备或者手机等，对用户的无理要求、威胁行为全程录音或视频记录，保留证据；

◎ 团队配合协同工作，职责清晰：销售顾问/服务顾问负责劝解用户、安抚用户情绪，销售主管/前台主管负责与用户谈判，销售总监/服务总监负责业务流程沟通协调，经销商总经理整体把控事件处理进度，维修技师负责车辆故障处理，技术总监负责解释车辆技术方案。处理过程中各岗位人员要积极与用户沟通，密切关注用户的情绪变化及现场形势，必要时向警察寻求帮助。

非理性事件解决后的补救工作也十分重要。视情况，经销商要在用户投诉事件处理完毕后进行补救工作，秉承补救越快越好的原则，通过快速有效的补救工作，缓和与用户的"敏感"关系，增加用户对服务质量的满意程度，争取留住用户，最终将投诉用户培养成忠诚用户（见表3-2）。

表3-2 经销商补救技巧

用户期望	经销商补救技巧
道歉	主动致歉，即使失误不是店内工作人员造成的
合理补偿	当场对用户做出合理的补偿（交通费、燃油费、餐费等）
善待用户	真诚对待因服务问题导致投诉的用户，主要是安抚他们的情绪
遵守承诺	服务顾问做出的一切补救承诺都必须兑现

资料来源：凯睿赛驰咨询

（五）媒体应对

当诉求得不到满足时，部分用户会借助媒体的力量，营造舆论压力，向汽车制造商、经销商施加压力，以达到实现诉求的目的。日常工作中，用户可能陪同媒体记者，或媒体记者自行上门调查，经销商管理人员需要正确对待媒体记者，处理好与媒体的关系。

为避免出现媒体记者以曝光为由，恶意炒作维权，导致事件升级，服务人员有权要求对方出示工作证件，确认其身份后，负责接待的人员要了解来访记者的来意及目的，确认采访是否会被录音、录像等，同时第一时间向主管领导汇报；接受采访的人员需要了解投诉事件，本着有利于事情解决、防止事态扩大、减小影响面的原则来应对采访，采访过程中实事求是，不重复记者的话；不回答与事件无关的问题，如果记者所提问题带有诱导性，可以要求记者清晰而准确地提问；不与媒体发生争执。

经销商的管理层可能不需要接受媒体的现场采访，但对媒体到访要及时关注，全面掌握事件进展。

除了媒体现场采访，经销商还可能面对汽车类广播电台的连线采访，被采访者需要对一些热点新闻等展开评论。面对电台的采访，被采访人员须保持放松状态，用简洁明了、通俗易懂的语言，正常的语音、语调回答问题，避免使用"嗯""啊""这个"等口头语。

随着互联网的发展，新兴媒体借助互联网技术，让舆情传播速度更快，影响范围更广，舆论发酵的投诉事件可能给汽车厂商和经销商造成巨大的、无法估量的损失。

以"我写你读、我说你听、我演你看"的单向传播，突显自主性、去中心化和个性化的自媒体，具有传播速度更快、受众更多、影响更广的典型特点。与自媒体接触时，汽车厂商或经销商要充分重视，针对自媒体发布的负面文章或视频，经销商或汽车厂商管理层要及时关注事件动态，研判负面舆情的传播范围。如发现恶意诋毁的内容，双方协商无果，可借助发布平台力量，争取将对经销商不利的内容进行限制发布或下架，情节严重的，保留证据向法院起诉并要求其消除社会负面影响。

此外，论坛网站、社交媒体、App、电子杂志等具有开放、互动、快速、实时等特点，能够将网民的注意力迅速聚焦。同时，还能与传统媒体交相呼应、彼此借力，形成舆情聚合。汽车厂商和经销商应加强与新媒体负责方的联系，以平台为媒介，协调用户和经销商关系，对投诉问题早发现、早解决，避免矛盾聚集爆发。

第四章

建立用户投诉管理体系规范

汽车用户的投诉管理工作是一项系统工程。它将一个个独立、错综复杂的投诉案例进行综合分析，总结投诉问题发生的规律，反映汽车厂商或经销商在汽车产品生产或服务管理方面存在的不足，继而寻找汽车产品质量提升或服务管理改善的途径，最终避免或减少用户投诉的发生。建立用户投诉管理体系规范，将更好地服务于汽车厂商或经销商的用户投诉处理工作，便于更加高效、流程化地处理投诉。

用户投诉管理体系，需要汽车厂商或经销商具备完整的组织架构，要求相关岗位人员具备丰富的业务经验及业务能力，有效发挥经销商的强大组织效能；要求具备妥善应对不同类别投诉的能力；要求建立危机预警机制，开展重点用户沟通、竞争对手分析、市场调研、自我诊断等；要求加强投诉预防机制建设，如产品及服务的管理制度、日常业务中的预防投诉制度，以及完善的汽车厂商的投诉考核机制等，以检核经销商在投诉管理工作方面的成效。

一、经销商应对用户投诉：抓住用户"流量"密码

用户投诉管理是经销商用户满意度管理中一个尤为重要的指标，也是经销商业务管理的重点之一。用户投诉管理可以进一步挖掘用户的隐性需求，提升经销商的服务运营能力，同时培养用户对品牌的忠诚度，了解当前市场状态及推动经销商盈利能力

良性发展。经销商盈利模型显示，想要持续盈利，需要不断吸纳新用户，重视产品或服务升级与创新；让用户保持持续消费，杜绝保有用户流失。汽车行业每年由用户投诉造成的用户流失呈上升趋势，售后服务现状不容乐观，高质量地处理用户投诉，可以有效减少投诉用户流失，最终达到提升经销商盈利能力的目的（见图4-1）。

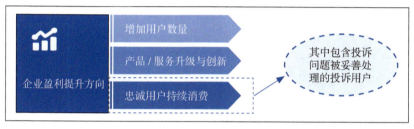

图片来源：凯睿赛驰咨询

图4-1　经销商盈利模型

用户投诉需要通过数据目视化管理进行预防或者管控，借助于体系化的数据模型，通过数据清洗、分类汇总、交叉分析，发现投诉问题产生的根源和诱发规律。数据分析维度可从以下6个方面开展（见图4-2）：

行业水平：通过经销商投诉数据罗列出同城、本/竞品投诉数据排名，区域投诉数据排名，全国投诉数据排名等，清楚掌握目前该店用户满意度所处的行业水平与排名位置。如果满意度排名靠后，经销商管理者就需要思考如何提升用户服务，通过向其他店学习、观摩，分析本店不足，优化并改进服务能力；如名次靠前，管理者可总结优秀案例经验，达到持续经营的目的。

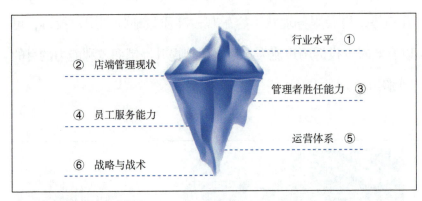

图片来源：凯睿赛驰咨询

图4-2 用户投诉数据分析维度

店端管理现状：阶段性的投诉数据变化，除受特定因素（如政策、活动、突发事件等）影响外，与店内的管理水平有密切关系。通过对本店用户投诉数据或满意度数据实施纵向、横向对比分析，包括投诉类别、投诉涉及责任人/班组、有责投诉/无责投诉、车型、投诉用户性别、投诉方式等信息，及时查找原因，并制定改进预案。

管理者胜任能力：将该店某一时段内所有投诉问题进行管理责任划分，或者进行个人/维修班组排名，清楚了解目前各个部门中层管理者的管理水平和岗位胜任情况。数据的动态变化还可以反映该时期内各个部门管理者对工作是否存在懈怠情况。

员工服务能力：通过对该店某一时段内的投诉问题和责任人进行梳理，归纳出容易被用户投诉的员工及问题，以此检验现阶段员工整体服务状态和能力表现，并制定针对这些员工和问题的处理和改进措施，通过数据分析真正制定出让员工认可的奖惩制度。

运营体系：按照全面质量管理五要素"人、机、料、法、环"，定期对用户投诉问题进行分析，检验经销商内部整体运营机制是否存在短板或盲区，标准流程与当下运营模式是否存在匹配差异，及时对运营体系的漏洞和短板等进行补救，不断完善与优化。

战略与战术：通过对投诉数据和投诉问题的综合分析，检验经销商在用户管理和业务支撑策略上的准确性和有效性，不断调整经销商投诉业务管理的方向，努力实现用户服务精细化和营销精准化。

二、流程建设：有章可循

在用户投诉管理体系建设中，流程建设是一个至关重要的环节。完善的闭环投诉管理流程，能够更好地指导投诉处理人员开展具体落地的工作，指挥各参与部门及时进行协调配合，精准地衔接，提升投诉处理工作的效率。流程是用来管理事务的最优途径，所以，涉及单个人员或多个关联部门的流程，需要相关人员理解并熟练掌握其核心内容，以便在用户投诉发生时，可以第一时间做到"应急"的高效响应和及时适当地处理。

不同的用户投诉问题，需要参与或介入的部门不同，处理流程也会有所不同。一般情况下，在经销商内部，负责流程设计和建设的部门是用户服务中心，又称客服部或用户关系管理（Customer Relationship Management，简称CRM）部，是用户关系的"守护者"，也是汽车经销商重要的监督和反馈渠道（见图4-3）。

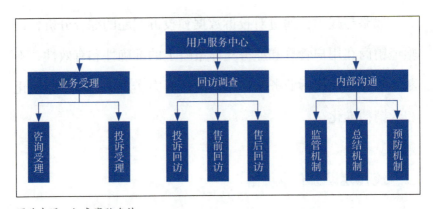

图片来源：凯睿赛驰咨询

图4-3 经销商用户服务中心内部管理体系

经销商用户服务中心在制定投诉处理流程时，须明确：流程中参与人员涉及的岗位职能；经销商端口服务人员，包含管理人员和一线服务人员；厂家或区域业务对接部门和人员；联动协调部门，包括道路救援、财产保险、交警公安等。

　　流程建立了不同岗位与人员之间的联动关系，包括经销商参与人员（我）、其他人员（你）、投诉用户（他或她）、投诉事件（它），体现的投诉处理流程逻辑关系如图4-4所示。

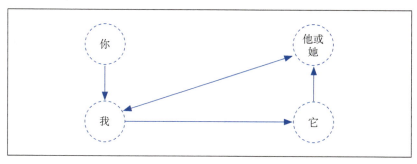

图片来源：凯睿赛驰咨询

图4-4　投诉流程逻辑图

　　其中，"它"是投诉产生的根源，也是处理投诉的最终输出，产生投诉或抱怨的重要来源是"他或她"，"他或她"内心产生不满，就会向"我"发泄，而"我"需要借助内部资源，与"你"一起对"他或她"进行情绪安抚，满足其心理需求，并给出解决"它"的合理方案。流程可以设定为"它和他或她—我和你—他或她和它"之间的相互关系，所有的用户投诉处理流程反映的都是不同的投诉用户、经销商参与人员和其他人员之间的关系。

流程是否合理，标准取决于：

◎ 是否有明确的下一环节关联部门或承接人员；

◎ 是否能够提供快速、准确且有效的指导；

◎ 是否有完整的起始端和最终输出端；

◎ 是否在发生意见或决策冲突时有第三方应急解决端口；

◎ 是否每个环节都有对应的人员或部门参与介入。

常见的投诉处理流程按不同维度划分有不同的流程设置，如：根据投诉严重程度可以分为一般投诉处理流程、重要投诉处理流程和重大投诉处理流程，以及非正常投诉处理流程等；按照投诉来源方式不同可分为品牌端投诉和经销商端投诉；按照投诉问题是否需要厂家介入，又可以分为品牌协调投诉用户处理流程和经销商内部用户投诉处理流程。

（一）品牌协调投诉用户处理流程

作用：指导须品牌介入的用户投诉处理过程，"按部就班"地快速找到对应的部门及负责人，提升处理时效性，解决多环节、跨部门用户投诉处理中的用户体验问题。

要求：准确识别用户投诉的真实原因与类型，快速响应；多部门协同，高效处理；提升用户投诉处理的时效性。

注意事项：严格执行规定的流程与制度，如跨越流程处理用户投诉，会延误处理时机，造成不可挽回的损失（见图4-5）。

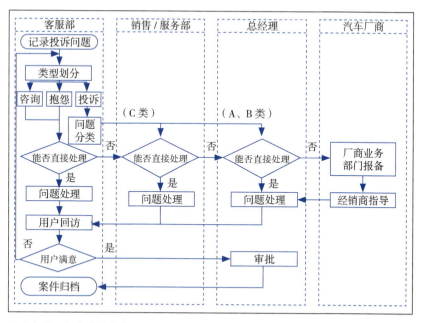

图片来源：凯睿赛驰咨询

图4-5　品牌协调投诉用户处理流程

（二）经销商内部用户投诉处理流程

作用：在经销商运营体系内部，通过流程的执行，提高用户投诉处理过程中部门相互协作的效率，快速推动达成用户投诉处理结果的圆满。

要求：第一时间主动、积极地响应，且必须准确地传达与识别用户投诉信息。

注意事项：管理者注意过程的管控，建立过程文件的监管与保存制度，定期对用户投诉案件进行分析与复盘，总结经验，指导和训练员工的岗位工作能力（见图4-6）。

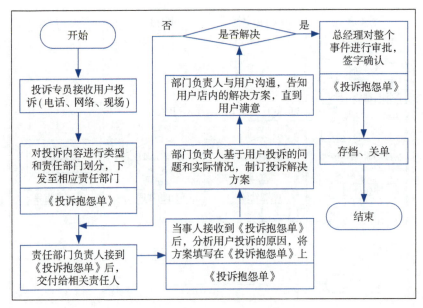

图片来源：凯睿赛驰咨询

图4-6　经销商内部用户投诉处理流程

（三）外部渠道用户投诉处理流程

作用：指导由"政府监管部门渠道"导入的用户投诉案件处理过程，积极地应对与高效地处理，合情合理合法，并做好正式的过程记录。

要求：积极、正向地应对用户的诉求，对用户负责、对渠道负责，高效解决用户的诉求。

注意事项：不要给用户贴标签，要一视同仁，严肃对待每一次用户反馈的问题（见图4-7）。

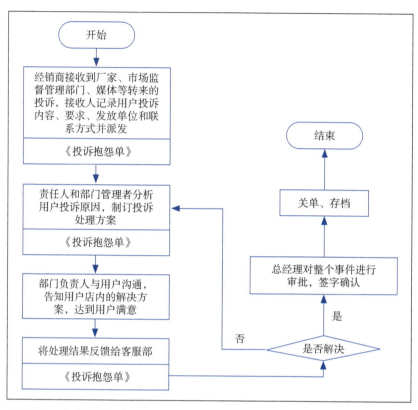

图4-7 外部渠道用户投诉处理流程

（四）针对服务质量的用户投诉处理流程

作用：对现场用户投诉处理工作进行指导，通过流程提升处理问题的时效，且作为后期汇总分析、改善的主要渠道来源。

要求：提高重视程度，在沟通与交流过程中，要用最短的时间打破用户的防线，找到问题的关键，给予相应的处理或补偿，安抚用户的情绪。

注意事项：主动沟通、积极安抚、及时致歉，服务是用户享有的权益，须高效地解决用户服务的问题，且做好问题汇总分析，改善服务工作（见图4-8）。

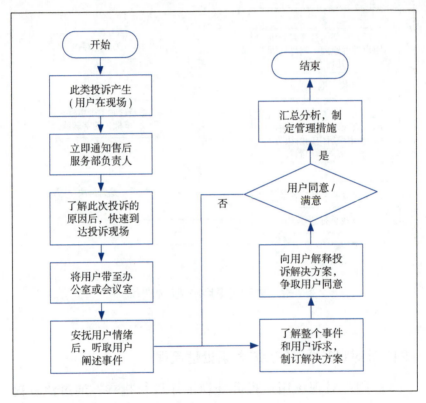

图片来源：凯睿赛驰咨询

图4-8 服务质量投诉处理流程

（五）针对服务态度的用户投诉处理流程（现场投诉）

作用：严格控制因服务态度问题引发的用户不满意，第一时间安抚用户的不满情绪，通过流程管控，高度提升对于服务态度的监管，保障用户到店的优质服务体验。

要求：第一时间由管理者介入，向用户致歉，提升思维高度，及时遏制不良事态的发展。

注意事项：服务态度问题是用户投诉应对与管理中，服务人员工作的大忌，体系内部对此类问题要严肃处理（见图4-9）。

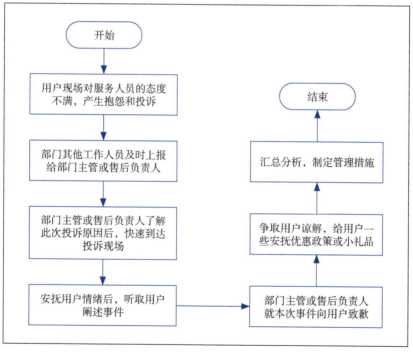

图片来源：凯睿赛驰咨询

图4-9 服务态度投诉处理流程

（六）针对费用纠纷的用户投诉处理流程（现场投诉）

作用：通过流程指引问题的解决方法，减少因应对问题不及时而造成重大投诉或危机发生，通过高效地解决问题，重获用户的信赖。

要求：费用问题是用户投诉处理中相对较易解决的一种，解决的根本在于快速找到原因，做出判断，积极主动消除用户的顾虑。

注意事项：快速找到引发费用纠纷的原因，根据责任的划分，向用户致歉，且给予相应的补偿，积极消除误会，请求用户谅解，赢得用户信任（见图4-10）。

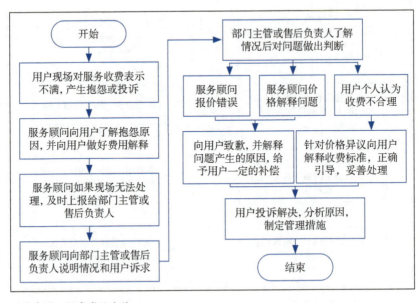

图片来源：凯睿赛驰咨询

图4-10　费用纠纷投诉处理流程

（七）针对维修质量的用户投诉处理流程

作用：通过处理流程高效解决用户的问题，对维修质量的控制与提升有非凡的意义。

要求：以解决车辆问题为出发点，安抚用户的焦急情绪，保护用户的消费权益。

注意事项：快速找到返修的原因，及时止损，对用户详尽说明问题的真实原因，不欺不瞒，不规避责任，注意在与用户沟通的过程中运用高情商（见图4-11）。

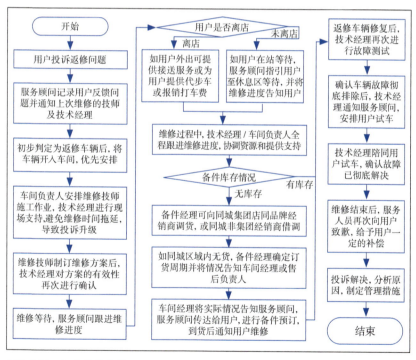

图片来源：凯睿赛驰咨询

图4-11　维修质量投诉处理流程

145

（八）针对维修事故的用户投诉处理流程

作用：高效处理问题，避免事态扩大，或爆发危机事件。通过流程管理，及时遏制不良结果的产生，对用户积极赔偿，维护用户的合法权益。

要求：面对事故处理，有"法"可依，有"章"可循，通过高效的执行力和处理方式，使用户体验到诚信的服务感受。

注意事项：执行过程中，切记不可"拖泥带水"，出现问题要勇于面对及承担责任，让用户体验到自己的权益能够得到保障（见图4-12）。

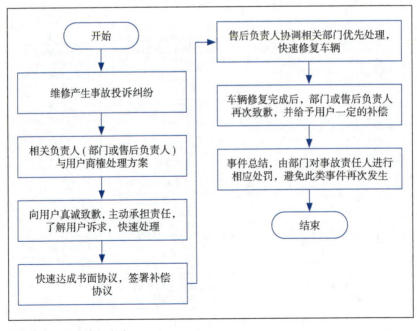

图片来源：凯睿赛驰咨询

图4-12 维修事故投诉处理流程

（九）针对汽车产品质量的用户投诉处理流程

作用：保障因产品质量引发用户投诉的高效处理与解决，维护用户权益，建立良好的客户关系，通过高效解决问题，赢得用户"信任"。

要求：以用户服务体验为核心，快速响应用户投诉，给予用户诚信服务的售后体验。

注意事项：快速诊断车辆故障问题，主动积极地向用户说明原因，解决用户使用车辆的焦虑感，真诚地为用户做好售后服务工作，建立良好的信誉（见图4-13）。

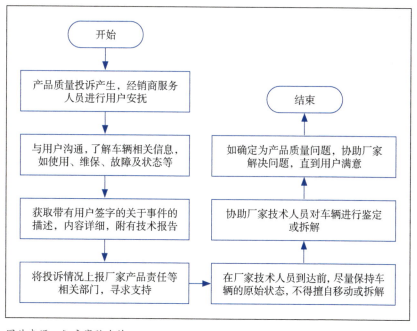

图片来源：凯睿赛驰咨询

图4-13　产品质量投诉处理流程

流程原本是指在工业品生产中，从原料到制成品各项工序的安排。《牛津英语词典》里，"流程"是指一个或一系列连续有规律的行动，这些行动以确定的方式发生或执行，促使特定结果的实现；而国际标准化组织在 ISO 9001: 2000 质量管理体系标准中给出的定义是，"流程是一组将输入转化为输出的相互关联或相互作用的活动"。

流程管理（Process Management），就是从公司战略出发、从满足用户需求出发、从业务出发，进行流程规划与建设，建立流程组织机构，明确流程管理责任，监控与评审流程运行绩效，适时进行流程优化。目的在于使流程能够适应行业经营环境，能够体现先进实用的管理思想，能够借鉴标杆企业的做法，能够有效融入公司战略要素，能够引入跨部门的协调机制，使公司降低成本、缩减时间、提高质量、方便用户，提升综合竞争力。

针对用户投诉所建立的流程管理体系，其目标实质是，通过加强对流程的执行力度，提升用户投诉处理的时效性，在满足用户在投诉处理层面的真实需求的同时，提供可靠的售后服务体验，以此赢得用户的信任，以及提升其对处理结果的满意度。

在建立用户投诉流程中，要注意整体的逻辑性、有效性及可落地性，对于执行人员要有具体的指导作用，提升执行力、处理效率及团队的信心，严谨的用户投诉流程体现了对用户的"关爱"。

在执行用户投诉流程中，要注意运用情商、沟通及谈判的技巧，在保障用户权益，高效率处理客诉问题的同时，要注重用户的感受，修复客情关系，预防用户后期的"流失"。用户投诉处理是一把"双刃剑"，处理得当，结果"圆满"，将提升用户对品牌忠诚度。树立企业的"诚信"服务形象，推广品牌的口碑，最终实现"双赢"的经营结果。

三、组织建设：效能最大化

从管理学的角度来说，如果组织架构不合理，企业就像是一盘散沙，不仅会影响企业的良性运行，严重的还会导致企业蒙受巨大损失甚至破产。为了应对挑战与风险，建立符合企业自身条件并不断优化的组织架构，会对企业发展起到重大的推动作用。

组织架构，对企业来说是流程设置、部门职能、落实管理等最基本的结构依据；组织架构，对部门来说可以形成团队的合力和放大效应；组织架构，对个人来说是指在权力、责任、义务方面所形成的结构体系。

在组织架构运行中，"指令链"和"集权与授权"作为最为关键的核心要素，是推动跨部门合作解决用户投诉争议的关键。

指令链是信息传递不间断的路线。信息传递分为向下传递和向上传递。向下传递是从组织最高层传递到最基层，向上传递是从基层反馈到高层。指令链的传递，能够规范在投诉处理流程中，如"有问题时，我找谁？""我对谁负责？"等。

指令具有权威性和命令性，发出命令必须被执行，不允许指令中断。为了促进合作，每个小组成员都要履行各自的职责，才能保证指令的连续性。

集权与授权是指在有些组织架构中，投诉处理小组第一责任人有决策权，并将部门权限授予小组成员，这样才能高效处理用户投诉，解决用户争议。设想一下，如果你没有任何权限，无法满足用户的期望，用户为什么要和你谈？这时就会出现用户越级反映问题，给管理者造成被动的局面。为了让组织运行更加灵活，授权给不同的岗位人员，这样能使他们更高效地与用户达成协议，解决矛盾和冲突。

在实践中，企业的竞争一定是人才的竞争，企业的成功一定是团队合力创造的价值。作为管理者，不仅管事，更要管理人。因为，一个人的能力是有限的，团队协作可将组织效能最大化，从而完成组织目标。作为管理者事必躬亲未必都是好事，也可能贻误时机，尤其是在处理用户投诉的问题上，如果错过了与用户接触及处理的最佳时机，有可能引发更大的危机。管理者不仅会忙得焦头烂额，下属得不到历练甚至会把责任推卸到管理者身上。

作为管理者，如果处事不公，则人心难聚；如果用人不当，则事有多变；如果待人不诚，则多尔虞我诈；如果看事片面，则多一叶障目……如此种种，作为团队的高层管理者，不可苛责部下，团队的执行力来自领导力。所以说，领导优秀不优秀，要看团队是否优秀，没有优秀的领导，就不会有优秀的团队，正所谓"千军易得，一将难求"。同样一个团队，在不同的管理者的带领下，会达成不同的结果（见图4-14）。

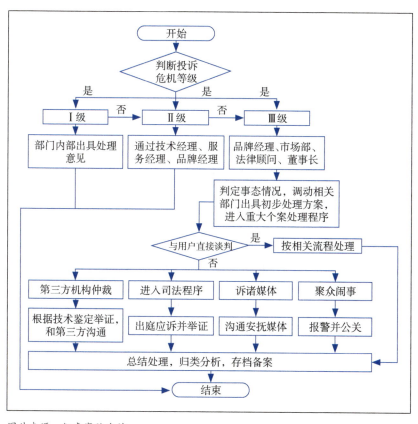

图片来源：凯睿赛驰咨询

图4-14　用户投诉处理流程规范

　　用户投诉处理小组成员，包括总经理、销售经理、售后经理、客服经理、市场经理及其他岗位人员等。总经理是投诉处理小组的第一责任人，需要全程参与或了解投诉案件的全部过程，在处理用户投诉的过程中，充分发挥自己的岗位优势，调动内外资源，解决用户投诉和争议，确保投诉案件得到及时快速的解决，避免矛盾升级；制定媒体应对话术、媒体接待流程，并定期进行内部培训及演练，确保组织内部运行良好，协调各部门之间的分工与合作。

　　销售经理、售后经理、客服经理是投诉处理小组的核心力量，承担着重要的"上传下达"职责：负责接收投诉信息，并在自身职权范围内，为下属提供工作支持和决策参考，对超出职权范围的投诉，要及时上报主管领导；负责向下属传达上层领导的处理意见，并协助下属完成投诉处理工作。

　　处理投诉的接待人员，是用户投诉处理小组中的"前锋"，负责与用户接洽、安抚客户情绪、记录客户诉求，了解客户或媒体背景信息，并及时、快速、全面地向上级管理层传递投诉信息。投诉接待人员需要具备良好的沟通能力，扎实的业务能力，对事态发展的辨别能力，以及对自身和他人情绪的控制能力等。

　　2021年5月，林女士购买了一辆新车，同年10月8日由于发动机故障，导致车辆无法行驶，随后车辆被送至经销商处进行检修。技术人员鉴定结果为：车辆有涉水行驶痕迹，造成燃烧室进水，导致连杆弯曲，活塞偏磨，损伤严重，须更换发动机总成，维修费由客户承担。

林女士对鉴定结果不认可，观点如下：1.否认自己驾车涉水；2.发动机损坏是产品质量问题；3.经销商有欺诈行为。

因双方分歧较大，多次沟通未达成一致意见。林女士到展厅进行"维权"，在多名家人陪同下至展厅，林女士情绪非常激动，强烈要求解决问题，现场极度混乱，报警后才得以制止，通过网络传播，实时观看人数一度达到上万人。林女士决定通过司法程序维护自身利益，法院受理后须双方提供相关证据材料，林女士未能提交经销商侵权的证据，法院对经销商提供的鉴定结果给予支持，判决林女士败诉。

此次事件中，有人对林女士的"维权"行为不认可，认为其过度维权，也有人对经销商的做法持否定态度。那么作为经销商到底如何做才能维护双方利益呢？

首先，要了解这个事件中两个待解决的核心问题：1.用户利益如何保障，如何减少损失？ 2.如何应对过度维权行为？

诉诸法律的用户都有很高的保障自身权益的期待，但用户却没有预想过败诉造成的损失。经销商可以依据车辆损失险、法院判决书，引导协助用户通过保险理赔的方式进行索赔，如果保险不能全赔，经销商可以和用户共同承担拒赔部分，如果经销商帮助用户，用户的利益有保障，双方的矛盾就有化解的可能（理赔专员介入）。

对于过度维权用户，经销商不能只讲道理，还要讲故事。一个动听的故事，胜于100个道理，故事往往比道理更容易让对方接受。以往一些热点案例就是讲故事的好素材。例如："机盖门"事件发生后，当事人的工作、生活、感情状态发生了哪些变化？这些变化是不是她想要的结果？她的公司破产了，破产的原因是她的维权方式让她的合伙人产生了担忧，且不愿承担未知的风险。最终的结果是她没有预料到的，此事件已经过去许多年了，但网络上还充斥着大量有关她的文章、照片、视频等，而且这种影响是长久的、负面的，甚至会影响到她的下一代（客服经理介入）。

如果律师介入又该如何应对？首先要知道，用户委托律师介入只有两种可能：1.用户想和经销商打官司，走司法诉讼的程序，维护自身权益；2.用户不想打官司，只是给经销商施加压力，使问题得到快速的解决。

当用户委托律师后，经销商首先要探明用户的真实意图。告知用户走司法程序的烦琐性、复杂性和不确定性。律师费通常为纠纷金额的10%～20%。要求赔偿越高，诉讼费交得越多，诉讼费不低于纠纷金额的2%。如果需要第三方鉴定，鉴定的金额较高，无论结果是输是赢，客户都需要先垫付50%的鉴定费用，或提供等额的担保，鉴定费由败诉方全部承担。

在诉讼的过程中，如果用户请的专家越多，败诉之后赔偿就越多。

在案件审理过程中，证据搜集、一审二审、专家听证会、汇总分析等，没有一两年解决不了。如果因为其他原因，2年以上的诉讼也是有可能的，谁愿意耗这么长的时间和精力来回折腾？如果赢了，去除各种支出，用户只是拿到了一部分赔偿；如果输了，用户可能需要支付更高的诉讼费。走司法程序风险较大，不确定因素较多，所以一部分用户选择通过车展维权、平台维权、网络投诉维权等，这也是重大投诉案件增多的重要原因。

经销商可以通过沟通了解用户的真正目的，如果用户执意走司法程序，经销商也要做好相关的准备工作，不可掉以轻心。首先，要了解律师的职业特点，律师能言善辩，熟悉相关法律，专业性很强。所以经销商也需求助相关的律师或法务去应对，用专业的人做专业的事情，才有可能规避败诉的风险。

如果用户请律师不是真的想诉讼，而是要挟或对经销商施压，那么经销商须引导用户回到谈判桌上来，依据相关的法律、规定，安抚用户，消除疑虑，用诚意打动用户（总经理、销售经理、服务经理、区域经理、技术经理、律师介入）。

如果用户通过媒体记者、直播平台扩大影响，引导舆论风向，经销商要及时通过合作媒体的关系，遏制负面消息的传播

（市场经理介入）。

只有建成健全、完善的组织架构，管理职能才能发挥应有的作用，进而提升企业精细化管理水平，增强企业竞争优势。

四、危机管理建设：防患于未然

移动互联网时代，汽车厂商和经销商等企业都展现在聚光灯下，其一举一动都可能被用户、媒体、社会公众所关注。负面事件发生初期，企业重视不足或处理不当，很有可能引发更大的负面舆论，企业对外发布官方声明也可能成为被攻击的靶标，互联网上充斥着对事件的猜测和议论，甚至产生一些恶意揣测的虚假新闻，会对企业的声誉和形象造成不可估量的影响。

危机是投诉的升级，做好危机来源分析工作，提升对日常业务工作中薄弱环节的关注度，分析可能引发危机的事件、诱导原因等，善于发现隐患并积极改进，是企业避免危机产生的必修课。

（一）调研分析

调研分析工作应由企业负责人牵头，由市场部相关人员分工执行，调研频次可根据企业的实际开展，如每年一次、每半年一次或每季度一次。调研内容包括但不限于以下方面：

◎　对相关汽车产品进行调研，掌握不同时段产品质量问题及用户使用表现；

◎　对经销商岗位人员进行调研（管理层、中层、基层），挖掘日常业务管理中的不足和盲区；

◎　对用户进行调研，了解整体满意度和意见反馈；

◎　对行业管理部门、行业协会、媒体等进行调研，了解市场行业动态和热点问题。

　　某经销商客户服务部每个月会发放100份用户满意度调查问卷，其中包含汽车产品及本店服务中存在的问题，次月初会对问卷反馈内容进行汇总和分析，及时了解产品及服务中存在的问题，并制定相关对策，最大限度降低用户投诉或投诉升级的风险，该经销商的月用户投诉数量非常少，且近几年鲜有重大投诉事件发生。

（二）投诉事件分析

　　投诉事件分析工作可由客户服务部负责人来实施，可就影响比较严重的个案进行分析，也可以对多发的类似事件进行分析，至少每月进行一次分析汇总，形成报告，在企业内部进行汇报，为内部培训提供相应素材。具体内容包含以下方面：

◎　对经销商内部投诉次数较多的车主进行原因分析；

◎　对行业舆情事件的动态和发展趋势进行分析，尤其注意转发量、阅读量等关键数据；

◎ 对经销商或行业危机公关事件进行分析；

◎ 对负面舆论引发的用户关注度和发酵程度进行分析。

某经销商客户服务部员工张某在对本店每月的用户投诉分析报告汇总时发现，该店用户王女士在一年内有过两次店内投诉的记录，分别对车辆维修后的清洁问题及维修后洗车不干净问题进行了投诉，张某就此小小的发现进行了相应的分析，最后得出了两条结论：一方面店内员工在对用户车辆清洁防护方面的确存在不周之处；另一方面，用户王女士由于职业的原因对清洁的问题比较挑剔。于是在改善措施方面提出了应对方法：首先，对售后部门提出了加强员工对用户车辆清洁防护的相关建议；其次，为了避免用户多次不满意造成不良的后果，将用户王女士列为重点关注用户，服务中对其格外关照。此后关于车辆清洁方面的用户投诉降低了，用户王女士也没再因车辆清洁的问题进行过投诉。

（三）建立危机应对组织机构

不同层级的危机应对机构具备不同的职责，它们共同承担起汽车厂商或经销商危机处理的责任，可根据企业规模决定危机应对机构的大小。大型汽车集团公司，应组织建立危机管理委员会；小规模连锁经销商应成立危机管理办公室；单店模式的汽车企业内部应有危机管理工作小组。

1.危机管理委员会是危机管理的最高决策机构，由经销商集团或总公司主要领导直接挂帅，并由公司法律顾问、总裁办公室、公关部、市场部、人力资源部和质检等有关部门的主管领导组成，其职责是：

◎　制定和审核危机管理政策和相关决策；

◎　评估危机管理人员的胜任力；

◎　督察危机管理的各项改善措施的落实情况；

◎　确定危机期间对外新闻发言人的人选；

◎　参与处理重大危机事件。

2.危机管理办公室是危机管理委员会领导下的执行机构，具体处理危机事件的一切事务，其职责是：

◎　制定或调整危机管理的有关实施细则；

◎　负责危机管理各项工作的进展情况；

◎　实时监控舆情变化，搜集和整理有关信息；

◎　直接处理突发性危机事件；

◎　对相关岗位人员进行危机管理培训和指导；

◎　做好网络平台的维护及公关工作；

◎　定期向危机管理委员会汇报工作。

3.危机管理工作组，在危机管理办公室的指导下开展工作，负责处理危机事件，其职责是：

◎　负责所在部门危机管理工作的贯彻和落实；

◎　及时搜集信息，监控用户投诉的分类及变化；

◎　直接处理并汇报突发性事件；

◎　定期向危机管理办公室递交工作改善方案及计划。

危机管理工作组是处理危机的一线部门，可由经销商总经理牵头，关键部门主管经理参与。在危机管理工作组中，总经理负责把关整体应对方案，销售总监提供车辆信息，服务经理提供维修履历，市场总监提供媒体信息，客服总监提供用户诉求，车间经理提供维修方案，共同制订危机事件管理指导及危机事件处理方案（见图4-15）。

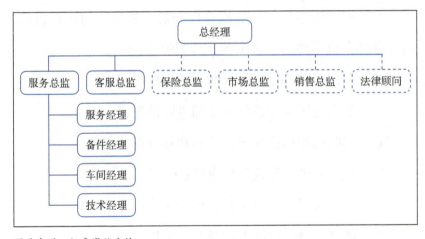

图片来源：凯睿赛驰咨询

图4-15　危机管理工作组组织架构

此外，危机管理方面的预防和培训工作也十分重要，需要重视对管理者、一线员工危机意识和应对技巧的培训。培训的内容包括：应对处理流程、沟通技巧、谈判技巧、用户心理、用户类型、用户满意度影响因素、汽车相关常识、消费相关的法律法规等。很多汽车经销商将危机事件演练培训处理列为每年必备的项目，组织参训人员对危机事件进行角色演绎、还原模拟事件处理过程，从不同的角度对有效解决事件的方法和策略进行评估。

一旦发生危机，各部门要迅速反应，相关人员严守岗位职责，按照危机预警流程图（见图4-16），及时向上级领导汇报情况，由总经理通知所有管理层，启动危机应急预案：

◎ 制订媒体应对方案，由总经理或指定发言人出面接受采访；

◎ 请求支持，迅速向公司集团、区域经理、汽车厂商等相关部门进行报备，多方联动配合，并寻求公关支持；

◎ 信息共享，危机小组成员就事件经过、事态发展动态及时向公司集团、区域经理、汽车厂商相关部门汇报，讨论应对方案；

◎ 现场控制，委婉拒绝媒体拍摄维修车间、用户接待区等不适合公开的经销商内部现场；避免在用户活动区域接受采访，应引导媒体人员到会议室或办公室进行访谈。

危机处理应秉承五大原则：承担责任、真诚沟通、速度第一、系统运行、权威证实。

承担责任，经销商树立"有担当"的形象，初步赢得用

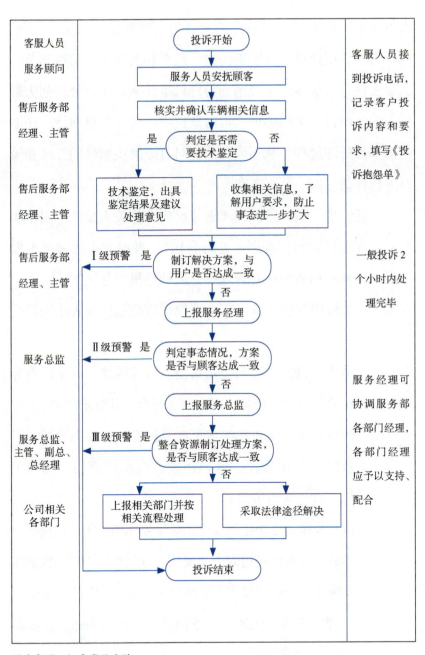

图片来源：凯睿赛驰咨询

图4-16 危机预警流程图

户、媒体及公众的好感。危机事件中的用户一般聚焦两个方面的问题：利益问题，用户需要获得预期的利益，危机处理的主体（经销商）应该承担相应的责任；感情问题，用户很在意经销商是否尊重自己的感受，因此经销商应对用户表示同情并进行安抚，以用户可以接受的方式向用户致歉，解决用户心理和情感问题。实际上，用户和媒体往往对危机事件的解决方案有心理预期，即经销商应该怎样处理，用户才会感到满意。

真诚沟通，展现诚恳、诚实、诚意的态度。危机事件中经销商处于聚光灯下，备受关注，切不可有侥幸心理，企图蒙混过关。经销商应主动与媒体联系，尽快与用户沟通，说明事实真相，促使双方互相理解，消除疑虑和不信任。真诚沟通是处理危机的基础。

◎　诚实，是危机处理最关键也最有效的解决办法。人们会原谅一个人犯错，但不会原谅一个人说谎；

◎　诚恳，一切以用户的利益为重，不回避问题和错误，及时与用户或媒体沟通，公开事件处理进度，重新获得用户的信任和尊重；

◎　诚意，危机发生后经销商高层应在第一时间向公众说明情况，向用户致以歉意，展示勇于承担责任、对用户负责的态度。

速度第一，"好事不出门，坏事行千里"。危机爆发的最初阶段，事件信息会像病毒裂变一样快速传播。真实信息与不实的谣言、猜测可能会一同出现。经销商须当机立断、快速反应、果决行动,从官方渠道发布真实的信息,控制事态发展方向。

系统运行,民间有句俗语"按下葫芦浮起瓢"。危机处理需要兼顾各方,统筹全局。危机处理中的系统运行包括:组建专门的危机处理小组,由管理层和一线处理人员组成,所有应对信息由小组发布,确保对外口径一致;集中使用资源,系统进行部署,内部统一观点;对事件有清楚认识,分清主次,对症下药。

权威证实,"自己说好不一定好,只有大家说好才是真的好",必要时可借助第三方权威机构和人士的发言发声,提高信息的可信度。

用户集中的抱怨,很可能就是危机的前兆。企业应建立预防和改善机制,对生产管理五要素中的"人、机、料、法、环"定期进行分析,运用闭环管理制定有效的改善措施,以便在问题发展成危机之前就将其发现和解决。通过对生产管理五要素的闭环管理,不仅可以起到预防危机发生的作用,还可避免事件对企业品牌形象造成不良影响。善于发现问题并解决问题,才会让企业变得更加强大。

建立危机预防体系,从不同层面、多维度进行检查、分析,找出弱项,及时制定改善措施并予以纠正,从根本上减少或消除发生危机的诱因,为企业的健康发展保驾护航(见表4-1)。

表4-1 危机应对体系表

危机应对体系	说　明
危机应对组织	根据企业规模大小来建立：危机管理委员会、危机管理办公室、危机管理工作组 具体执行应由总经理牵头，中层管理者为成员建立企业危机管理小组，明确各个人员职责、管理周期、业务权限、技能提升及奖惩措施
处理流程	制定企业内部危机事件管理流程，从危机预防、危机处理、管理提升等环节着手，明确各个流程的管理节点和部门角色定位，指导日常业务开展
组织培训	定期开展危机事件、热点事件培训，并聘请专家进行知识讲座和技能培训，提升小组人员的技能水平
管理改善	对于业务点检中发现的弱项和短板，通过行业对标调研，制订改善机制和计划，落实闭环管理

资料来源：凯睿赛驰咨询

五、预防机制建设：强化内功修炼

投诉预防机制包含两个层面：一个是预防投诉，即通过一系列的措施或行为，以"极致服务"为导向，减少投诉发生的机会；另一个是针对已经发生的投诉，总结经验教训，避免同样或类似投诉的再次发生。投诉预防最直接的方式就是开展内部培训，通过内部培训，保证所有工作人员服务意识统一、服务标准统一，不断修炼内功，提升业务能力。

（一）开展内部相关培训

经销商内部培训以提升一线工作人员的服务质量和服务水平，降低投诉发生概率为目的。内部培训对象包括销售经理、服务经理、市场经理、客服经理及与用户服务体验有交集的一线员工，如销售顾问、服务顾问、索赔员、客服人员、维修技师、财务人员等。培训内容应围绕经销商在整体服务过程中涉及的业务开展，贴合岗位需求和现阶段业务运营的需要，包含服务形象、服务设施、核心流程、维修质量、备件供应、人员能力、管理体系等直接或间接影响用户体验和满意度的相关业务模块，如用户投诉事件反映出的服务过程中存在的不足或短板，典型的用户投诉处理案例，处理过程中的方式方法、沟通话术、服务技巧等内容。

内部培训一般由内训师主导开展，内训师基于经销商的发展现状和需求，制订年度培训计划，可以针对临时急需的内容调整计划或增加培训频次。内训实施过程中，内训师根据培训内容主题进行课程开发和培训，授课形式包含理论讲解、案例讨论、视频教学、情景演练等。

内部培训结束后，需要进行相应的培训考核，其目的是检验受训对象对培训内容的理解及掌握程度，培训考核的方式可以是课后测评，即传统的笔试、实操或答辩，也可以是执行力评测。内训师结合内训计划开展培训，频次一般为每月一次，也可以根据实际需要进行调整。

（二）明示店内投诉渠道

用户投诉问题应尽量在经销商内部进行解决，避免通过外部渠道方式而引起负面影响扩大或投诉升级，将投诉在店内处理或消化是用户投诉处理最理想的解决结果。这样做可以快速解决投诉问题，减小投诉的影响并降低处理成本。

大多数用户会在问题发生的第一时间联系经销商进行投诉，但也有少数用户，会因店内投诉渠道不畅通或因多次投诉处理结果不满意，而选择向厂家投诉，或者向市场监督、消费者协会等主管部门、社会组织或知名媒体网站投诉，希望能够引起经销商和厂家的高度关注。

为便于用户了解店内投诉渠道，将问题第一时间反馈至经销商，经销商应将店内投诉电话或是客服电话进行公布，可在店内醒目位置公示投诉电话，公示的内容除投诉电话外，也可以包括店内投诉网址、投诉小程序等，在清晰明确公布投诉渠道的同时，务必保证投诉渠道的畅通，如电话在第一时间有人接听，投诉信息有人快速回应等。

（三）管理用户投诉档案

当用户投诉事件平息后，并不意味着投诉处理工作的结束，还有一个重要的环节——用户投诉档案的整理、归类和汇总分析。一方面对投诉事件进行总结，避免日后再次发生类似投诉，另一方面对用户信息进行管理，便于开展用户关系维护工作。用户投诉档案一般由客户服务部门进行整理与保存，每月进行汇总与分析，在月度总结会议时进行总结并组织学习。

1. 制定档案编号

对每一个用户投诉档案都需要设立编号，便于日后快速查找。档案编号制定规则应做到统一，各经销商可自行制定编码规则，但应做到规范、简洁、易于辨识。

某经销商的一份客诉档案编号为：ZDJT-KS-20220521-018A

ZDJT："众大集团"首字母缩写，表示××经销商；

KS："客诉"首字母缩写，表示用户投诉；

20220521：表示用户投诉发生的具体日期，即2022年5月21日；

018：表示用户投诉次数，即该经销商于该年度受理的第18起用户投诉；

A：表示投诉级别，A代表"一般投诉"，B代表"重要投诉"，C代表"重大投诉"，D代表"公共事件"。

2. 规范档案内容

投诉档案的内容应完整全面，记录用户和车辆的基本信息，如用户姓名、联系电话、投诉时间、投诉内容（用户诉求）、原因分析、处理结果、改善措施、相关负责人签字等。每个投诉事件都应如实记录（见表4-2）。

表4-2　用户投诉处理跟踪表

序号					时间		年　月　日
车牌号			责任部门		受理人		
VIN			等级		方式		
用户姓名			意见类别				
联系电话			意见				
维修委托书号			原里程数		服务顾问		
来厂时间	年　月　日		现里程数		维修技师		
取车时间	年　月　日		维修费用		质量检验员		

投诉内容：

原因分析：

是否返修：是□　否□	责任人：　完成日期：　售后经理/经理：

处理结果：

用户是否满意：是□　否□	售后经理：　　　　　　日期：

改善措施：

售后经理：　　　　　日期：

总经理批示：

总经理：　　　　　日期：

资料来源：凯睿赛驰咨询

3.科学存储档案

整理好的档案应进行统一管理与存放。如果是纸质文件，建议将纸质文件以扫描或拍照的方式，生成电子档案备份。如果经销商管理系统支持且有相关要求，应将电子档案上传至管理系统。关于文档的保存期限，汽车维修行业一般不低于3年。

六、审计机制建设：深化外部监督

投诉审计，通常是通过引入外部第三方力量，对经销商投诉管理工作成效的检查和评估。投诉审计可以检核经销商在投诉管理工作方面的规范性、全面性、便捷性、合理性及执行力等，可以发现经销商长期或某一时期存在的内部管理盲区或短板，了解内部管理机制的改善程度和效能。投诉审计的目的是保障经销商投诉管理体系的完整性，使其始终趋于良好的发展态势。审计包含过程、结果和服务保障等多个层面，具体执行方法可参考T/CAS 673—2022《汽车用户投诉处理服务质量评价通则》。

（一）重点岗位设置

审计的要点首先是岗位设置，投诉处理过程中要有负责准确收集用户投诉信息的岗位。一般情况下，投诉处理专员岗位负责接收用户投诉信息，之后将投诉问题进行分类，发送给相应的业务部门，同时跟进处理过程，并将处理进度反馈给用户，投诉处理完成后进行最终关单等相关工作。

经销商对投诉处理专员的岗位设置，经常存在一个误区，认为该岗位对职业能力要求不高，大多会安排一些初次就业者或实习生担任，或让其他岗位员工兼职，这些因素都会导致投诉处理专员岗位的人员变动频繁。

在日常工作中，投诉处理专员接收用户投诉信息时，面对的大多是情绪激动的用户，投诉处理专员需要用温和的言语表达，安抚用户的情绪；需要冷静的思考能力、有效的沟通技巧、抓取谈话关键的能力；需要以专业的产品知识更好地处理和解答用户的问题：适时降低用户的期望；需要通过良好的职业素养让用户感受到被尊重。因此，投诉处理专员这一岗位并非谁都可以胜任。

投诉处理专员的具体职责如下（见表4-3）：

表4-3　投诉处理专员岗位职责

投诉处理专员岗位职责
协助客服经理或主管，制定或完善部门内相关制度体系
接收用户投诉信息，做好记录
对用户投诉问题类型进行划分，初步判定责任部门，填写《用户投诉登记表》，并发送给相关责任部门负责人
跟进处理进度，提醒各部门负责人及时处理
向用户反馈内部处理进度，安抚用户
在处理过程中，及时向相关部门负责人传达用户的建议或意见，便于业务部门及时调整处理措施
向部门经理或主管汇报用户投诉问题处理情况
用户满意度回访，投诉关闭
对用户投诉案件进行登记、建档
协助客服经理，对销售过程和售后用户满意度定期进行汇总和分析，并生成用户满意度报告
将满意度调查结果反馈给相关业务部门
完成部门日常工作和临时工作

资料来源：凯睿赛驰咨询

用户投诉管理的另一个关键岗位是客服经理。客服经理既要发挥"上传下达"的作用，也要负责具体用户投诉的沟通和解决。客服经理属于中层管理者，其职责包括沟通、协调、组织、安排和协助，协同业务部门提升用户满意度，降低突发事件的发生率。具体职责如下（见表4-4）：

表4-4　客服经理岗位职责

客服经理岗位职责
执行本公司用户满意度管理政策及制度
负责本公司用户满意度建设，定期对内部管理体系进行完善或优化，确保体系的合理性和可操作性
建立满意度管理文件，监督、指导投诉处理专员按要求执行
对部门内日常工作进行过程监督，了解工作现状及困难，协助解决
定期对内部人员进行能力训练或培训，提升业务能力
部门绩效管理和员工满意度建设
对用户投诉的受理、反馈、跟进、协调和支持
制订本部门年度工作计划，分解季度、月度工作目标，明确重点工作任务和时间节点
对店内各个流程环节服务质量进行评估，发现问题，制订改进方案
组织协调用户满意度调查，撰写调查报告并提交
协助总经理进行店内重大事件和突发事件处理
完成总经理委派的与其他部门协调执行的工作及其他临时性工作

资料来源：凯睿赛驰咨询

（二）重点岗位评定

岗位评定将借助模型等手段判断任职人员是否具备岗位所需能力，以及岗位是否能够充分发挥任职人员的能力。

将投诉处理专员的工作能力具体分为工作主动性能力、发现问题能力、解决问题能力、寻求根源能力、策划能力、部门协调能力、问题预防能力、资源联动能力和业务销售能力9项，可从此9项能力分析入手，评估投诉处理专员的业务水平及未来发展方向（见图4-17）。

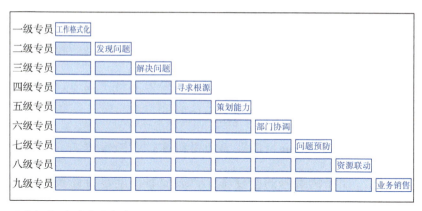

图片来源：凯睿赛驰咨询

图4-17　投诉处理专员能力划分模型

一级专员：工作中基本处于被动接受状态，缺少主动思考能力，仅限于固定的机械工作内容，且对于工作模式和要求都需要上级领导提前给出标准或范例，对于从未接触过的工作新内容，不敢主动尝试，需要他人手把手教学才能开展相应的工作，且出错率很高。

二级专员：能在负责的工作范围内主动发现问题并及时上报，寻求上级领导的帮助。这类员工的特点是仅限于发现问题，受工作经历、资质或业务水平等因素影响，无法独立解决问题或给出详尽的问题解决方案，可塑性有待挖掘。

三级专员：能针对发现的问题提出自己的观点或解决方法，能够辅助客服经理一同解决投诉问题，同时，善于积累经验，再次遇到同类问题时，可以自己独立解决或解决自己能处理的部分后，再寻求上级领导帮助。

四级专员：能针对问题表象进行深度分析，最后找出问题产生的原因，从根本上解决问题。这类员工善于思考，遇事冷静，工作态度端正，分析问题比较透彻。

五级专员：能通过问题表象进行连锁式思维渗透，挖掘深层问题。如车辆维修的修复率低，表面看可能是维修技师能力水平低，但深入分析，还可能是内部管理存在问题：派工不合理（安排超出维修技师能力的项目施工）、员工能力培训不科学（未与员工现阶段能力提升相匹配）、现场管理不到位（对易出问题的维修技师或项目缺少现场检核）、质量检验不彻底（维修不彻底或检验不到位，车辆带隐患出厂）等。此类员工能做到真正的举一反三，且能提出建设性的改进优化建议和方案，辅助部门领导一同进行改进，保障制度体系的合理性和完整性。

六级专员：熟知整个经销商各个业务部门的运作体系和运作流程，熟知各个部门人员的职责和联系方式，在接收用户投诉或服务用户时，一旦遇到自己无法解决的情况，能主动协调其他部门人员合作处理。从用户体验上，实现用户服务一站式，从内部管理上，保障了跨部门协作的及时性和畅通性，很多时候可避免用户投诉事件的升级或恶化，实现多方共赢。

七级专员：在用户投诉处理过程中，做好充足的前期准备工作。如用户在反映问题或投诉时，注意整理或搜集用户与本店产生的所有相关数据，对用户职业、用车环境、生活状态及性格类型等进行全面掌握，能够"对症下药"，及时调整应对技巧和处理方案，协助客服经理有效解决投诉问题。

八级专员：拥有较大的职能和权限，关键时刻可以协调经销商内部所有的支持部门，为做好用户服务工作保驾护航。如协调车间维修技师上门维修解决问题，协调救援司机实施现场救援，协调支持人员给用户提供接送服务，给用户提供一定的费用折扣、赠送礼券。处理用户问题快速、直接、有效，可以将投诉问题消除在萌芽状态。

九级专员：具有较强的销售能力，通过用户投诉处理，挖掘销售机会，将产品/服务植入用户投诉处理过程中，发现合适的机会向用户推送，在提升用户满意度的同时，增加用户再次接受服务的概率。

某年国庆节前用户李女士到经销商店内进行车辆保养，更换了机油、机滤，还请维修技师做了全车检查，准备国庆节假期带孩子到外地游玩。

出行当天，李女士驾车行驶至京港澳高速某段，车辆突然抛锚，李女士联系了经销商，车辆被拖回店内检查。店内维修技师对故障进行全面检查，给出的结论是：高速突然抛锚的情况，常规手段无法检查出来，只有高速测试才有可能发现异常，但因车主进店保养车辆时未有任何问题反馈，维修技师并不会主动进行高速测试。车辆可能经过泥水或沙尘路面，空气中的沙尘颗粒物进入轴承内部造成磨损加剧，最终导致车辆抛锚。李女士并不认可检查结论，认为是维修技师检查不到位造成，如果经销商不给出合理的解决方案，就要找电台的朋友将整个事件曝光。

随后，李女士的投诉事件转由投诉处理专员小张负责，小张在与李女士沟通前，先查询了李女士在该店的维修记录，发现用户维修保养及时，表现良好，属于高价值用户。了解李女士投诉的诉求后，小张核算出各种支出成本，认为经销商可以做一些让步，给用户一些优惠政策，送一次保养或者给一些维修折扣，并就该想法与部门领导协商。

取得部门领导同意后，小张与李女士进行多次沟通，为李女士分析各种利弊，最终李女士同意经销商退还上次保养费用的处理结果。

经过多次接触，李女士对小张的专业性和态度非常认可。后来，小张向李女士介绍最近店内开展喷漆优惠活动，并说如果推介其他品牌车辆用户成功参与店内喷漆活动，可为介绍人赠送礼品并提供现金奖励。李女士不但参加了活动，还推荐自己的朋友一块儿到店参加活动，提升了店内业绩。

针对客服经理的岗位能力评估，也有对应的九级能力划分（见图4-18）。

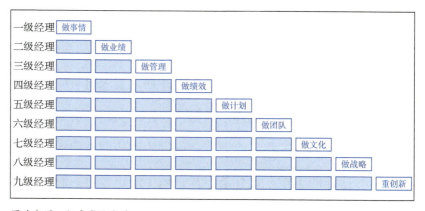

图片来源：凯睿赛驰咨询

图4-18　客服经理能力划分模型

一级经理：专注于部门内日常性工作，按照既定的标准和要求完成每项工作，工作内容趋于常态化，创新能力不足。

二级经理：部门所有工作围绕业绩指标开展，一切以结果为导向，做到"千斤重担人人挑，人人头上有指标"。对指标完成情况及时跟进，不断修正工作方式方法和策略，确保完成业绩指标。

三级经理：认为管理就是制度化和流程化，以打造部门内健全的运作体系为导向，用体系指导所有工作，避免出现管理漏洞，同时，不断审视制度和流程的合理性，及时改进和优化。

四级经理：认为制度和流程是保障工作有序开展的前提，人员是保证执行力的基础。四级客服经理善于"绩效管人"，将日常所有业务工作都纳入对应人员的绩效考核中，以绩效结果作为评测员工胜任能力的标准，在过程中进行帮扶和协调，保证实现好的绩效结果。

五级经理：善于制订详尽的工作计划。要求对每项业务工作按照计划、时间节点推进，确保计划详尽实施。实施过程中如果发现工作偏离了既定计划，会通过协调或调整确保计划回归正轨。这样的工作方式有条不紊，循序渐进，是一般管理者常用的管理方式。

六级经理：遵循"团队是一切工作成功的关键"，以打造高效的团队为目的。建立完善的人员晋升和职业规划，注重人员成长和培养，从人才的引进到人才的培养，再到人才的储备和使用，建立一套完善的管理机制，强调团队价值。

七级经理：这个阶段的经理管理比较"佛系"，注重文化建设，以文化引导心态。通过构建良好的部门风气和正能量的工作氛围，确保部门员工思想统一，言行一致，将部门文化作为行动和工作的核心价值观。他们有时也将部门或公司文化张贴于醒目的位置，时刻提醒自己和员工。

八级经理：此阶段的管理者类似于军事家，喜欢将所有工作当作战场。认为各项工作相辅相成，相互制约又相互影响。每个员工各负责一部分工作，通过阶段性目标的达成情况，来审视工作策略和开展方式的有效性，保障实现最终的价值目标。在推动工作的过程中，注意"战术"的调整和优化，减少外界对整体布局和规划的影响。

九级经理：注重方式方法的创新，通过构建模型、工具、方法论，降低人为影响因素，提升工作准确率，同时带动效率的提升，实现资源最大化、工作高效化、工序合理化。

（三）投诉渠道完备

对投诉渠道的审计，体现在经销商要具有广泛的、易获得的投诉渠道，这将有利于及时开展用户投诉处理工作，并且能够全面收集用户声音，准确掌握用户诉求，及时做出判断。

汽车行业中常见的用户投诉渠道分为内部渠道和外部渠道，两者在传播的形式和影响力上差异明显。

通过品牌或官方的端口能收集到用户投诉的渠道，包括电话、电子邮件、网络、现场等，这些统称为内部渠道。其中电话投诉分为店内投诉电话和厂家投诉电话。电子邮件投诉在社交软件成熟之前使用较多，用户以电子邮件方式将投诉内容发送至经销商指定的邮箱，投诉邮箱由专人负责监管、查收和回复。用户使用社交软件（如企业微信）投诉和网站（泛指投诉品牌内部网站，如品牌官方网站、经销商自有网站）的被称为网络投诉，这种渠道更加便捷高效。用户在经销商门店进行的投诉被称为现场投诉，一般是到客服部或向相应的部门负责人直接进行投诉，要求经销商现场给予说法或给出处理结果。

用户在经销商或汽车厂商处理未果或对处理结果不满意时，为引起更多人员关注或重新掌握谈判的话语权，扩大事件传播力度，会使用传播速度快、社会影响力较大的外部投诉渠道。常见的外部投诉分为媒体投诉、行政投诉和法律诉讼三大类。媒体投诉常见的有电台投诉、直播投诉、媒体平台投诉等，以非官方媒体居多，其关注人数也较多，形成的影响力较大。用户到市场监督管理部门等行政机构，或消费者协会等社会组织的投诉被称为行政投诉。出现较大的事故，造成人员伤亡或者巨大财产损失而引发的投诉，可能会上升到法律诉讼层面，被称为法律诉讼，此类事件处理周期长，且需要花费大量的资金、精力和时间等。

凯睿赛驰咨询通过对车质网多年的投诉用户数据研究发现：用户选择外部投诉渠道进行投诉的现象逐年递增，由此可见，车主的维权意识伴随着时代的发展也在不断觉醒，且投诉的问题范围也越来越广，给现阶段的经销商带来很大的挑战。

（四）签订保密协议

每一起用户投诉处理完成后，经销商都应与用户签订《保密协议》，尤其是一些重大的投诉事件，以维护双方利益。保密协议里需要明确：

◎　用户投诉处理涉及双方的义务和承诺；

◎　保密的时效性；

◎　保密条款和内容；

◎　双方的违约责任；

◎　双方签字确认。

（五）投诉审计附表

表4-5　投诉审计附表

审计内容	说明	审计方式	审计结果
岗位设计	①投诉处理专员为专职人员，无兼职情况； ②投诉处理专员至少配置1名； ③投诉处理专员佩戴姓名牌，姓名与组织架构上的姓名一致	文件审核 现场审核	是　□ 否　□
人员职责	①有完整、清晰的客服经理和投诉处理专员的岗位职责； ②客服经理和投诉处理专员清晰了解岗位职责内容	文件审核 人员访谈	是　□ 否　□
岗位评定	①有客服经理和投诉处理专员的岗位评定标准； ②有相关的评定记录和结果； ③评定结果上有相关人员确认签字	文件审核	是　□ 否　□
投诉渠道	①针对投诉用户，有投诉渠道分类； ②对外部投诉定期进行收集与分析	文件审核 现场审核	是　□ 否　□
投诉形式	①有各类投诉形式的应对话术； ②有针对非正常投诉的应急小组和职责	文件审核	是　□ 否　□
投诉流程	①有一般投诉处理流程； ②有重要投诉处理流程； ③有重大投诉处理流程； ④有公共事件处理流程； ⑤客服经理和投诉处理专员熟知各类投诉处理流程	文件审核 人员访谈	是　□ 否　□
保密协议	①重大投诉和非正常投诉与用户签订保密协议； ②保密协议上有双方确认签字； ③保密协议有专门的存放区域和负责人管理	单据审核 现场审核	是　□ 否　□

续表

审计内容	说明	审计方式	审计结果
《投诉抱怨单》	①《投诉抱怨单》信息填写完整； ②有相关人员签字； ③投诉处理完成后，进行关单； ④有专门的存放区域，且保存良好，无丢失	单据审核 现场审核	是　□ 否　□
满意度改善小组	①有内部满意度改善小组架构，且职责明确； ②定期开展满意度改善会议，且有相应的成果输出	文件审核	是　□ 否　□
能力提升培训	①部门定期开展人员能力培训； ②客服经理通过相关职业技能培训，并取得相关证书／资质	文件审核	是　□ 否　□

资料来源：凯睿赛驰咨询

第五章

用标准衡量经销商用户投诉处理服务质量

智能时代赋予汽车企业新的发展方向，拓展了服务边界，催生了客企关系新转变，以用户为中心的运营思维，逐渐成为汽车企业面向未来的共同理念。在这样的趋势下，汽车企业正在转型成为移动出行服务商，在硬件、软件和服务上拓展能力圈，盈利对象向存量市场产品全生命周期扩展。

对于汽车企业来说，授权经销商或直营店的服务直接触达用户，净推荐值、满意度都与之高度相关。其中，用户投诉处理情况，是经销商或直营店用户满意度管理的反向指标。当前，汽车产品质量和服务纠纷问题持续高发，用户投诉的渠道、目的、传播范围和速度都呈现新变化，经销商或直营店及汽车企业需要适应这种新变化，积极应对用户投诉。

如何评价经销商或直营店的用户投诉处理服务质量，如何以评促改，提升终端店面的危机处置能力，将被动化解投诉扭转为主动服务，优化经销商投诉管理体系与服务管理体系，推动汽车行业投诉管理体系建设的规范化与服务质量用户满意度提升……都是汽车企业在管理经销商或直营店时需要重新面对的挑战。

一、质量评价目的：为投诉处理服务赋能提效

汽车用户的投诉一定意义上反映出汽车产品或服务存在的问题，面对用户投诉，第一线经销商或直营店处理投诉的服务质量高，不仅可以缓解用户不满，促进终端店面人员与用户的交流，

还有助于用户满意度改善，甚至提升用户对品牌的忠诚度。

多数经销商或直营店已设立服务热线，成立专门投诉处理部门应对用户投诉，但投诉处理的效果如何？用户对投诉处理时长、处理结果是否满意？经销商的投诉应对过程存在哪些问题？汽车企业用户投诉中可以提炼出哪些用户需求？同一品牌旗下的不同经销商投诉处理应对工作成效差别如何？

车质网对2022年汽车投诉用户的回访发现，投诉处理应对中，经销商存在否认质量问题、无配件、修出新问题、处理结果未达成一致、承诺未按时兑现、等待厂商介入、要求先撤诉才解决等问题，这些行为可能激化用户与经销商、汽车制造商之间的矛盾，导致投诉处理陷入停滞状态，甚至引发投诉行为升级。此外，经销商渠道端不规范行为的发生，也反映出汽车企业在经销商管理上亟待优化的问题。

凯睿赛驰咨询《2022中国乘用车用户投诉行为研究报告》指出，投诉处理服务过程中，用户对经销商投诉处理服务能力的指标评价较低，其中，解决方案的合理性、维修质量、解决问题时间及服务人员的态度是影响投诉处理服务用户满意度评价结果的关键因素。同时，与其他行业的投诉体验对比发现，汽车投诉处理整体满意度低于电商平台、智能产品及家用电器行业，仅与房产物业领域相当。

基于上述研究成果，以及对车质网大数据的深度挖掘，2022年年初，凯睿赛驰咨询和车质网联合中国标准化研究院，牵头启动《汽车用户投诉处理服务质量评价通则》（以下简称

《评价通则》）团体标准的编制工作，旨在通过应用标准化投诉处理服务的评价机制，及时发现问题、反馈问题，为优化企业投诉管理体系与服务管理体系提供依据，推动汽车行业投诉管理体系建设的规范化，在服务质量方面提升用户的满意度。《评价通则》团体标准编制期间，获得了中国标准化协会等专业机构的支持和指导，并得到了国内13家主流汽车厂商的积极反馈。历经多次研讨、广泛征求意见，《评价通则》团体标准于2022年12月2日正式发布（见图5-1）。

图片来源：凯睿赛驰咨询

图5-1　为投诉处理赋能提效

该团体标准在企业普遍采用的明检、神秘客、满意度三大审核工具的基础上，探索服务质量评价的新工具；从服务落实、管理保障和用户满意度角度考核经销商或直营门店的投诉处理能力及服务质量；深化投诉用户调研、现场审计、专家在线审核的评价权重，把脉经销商或直营店投诉处理服务管理流程、服务成效、人员素养、客户关系管理等环节，全方位提供系统性的改进方案；诊断方法回归用户体验，发掘投诉处理服务过程要素与用户实际需求之间关系，审核经销商或直营店服务补救及用户满意度改进成效；以星级评价树立品牌内示范标杆，接受社会监督，激发品牌所属经销商或直营店服务模式及管理流程自我创新。

《评价通则》团体标准的评价基于以下四个原则。

公正性：评价过程应能反映投诉处理平台解决投诉问题的服务能力及用户对其服务质量的真实服务体验，并适时将评价结果向社会公开。

适用性：评价指标能较好地反映用户的实际需求，以引导经销商投诉处理服务质量水平提升。

科学性：将通过搜集查阅相关资料和数据、实地调查、访谈等方法掌握的情况作为评价基础支撑材料，并采用定性和定量相结合的方式对经销商投诉处理服务质量进行评价。

安全性：评价工作应遵从严格的保密措施，妥善保管重要隐私信息、信用信息、经营信息等，防止信息丢失或泄露等现象发生，确保汽车用户及投诉处理经销商企业的合法权益。

二、质量评价指标：用户和专家的双维体系

《评价通则》团体标准规定了汽车用户投诉处理服务质量

评价的总体要求、评价流程、评价实施和评价管理，建立了汽车投诉处理评价指标体系，通过用户、专家对各项评价指标进行打分，再结合计算模型得出经销商或直营店的投诉处理服务质量得分，根据分值确定投诉处理服务质量等级。通过定量化评估，建立统一、规范的评估方法，使评估结果具有可比性。同时，为汽车企业对经销商或直营店的投诉处理服务效果评价提供技术方法，有效指导经销商或直营店更好地进行投诉处理服务，为其创新服务方式、提升服务质量、改善用户体验提供技术支撑，不仅对汽车厂商、授权经销商及直营店、汽车用户等意义重大，对政府监管部门也有参考价值。

《评价通则》团体标准适用于对汽车厂商品牌所属的授权经销商及直营店开展投诉处理服务质量评价活动，不适用于对二手车的投诉处理服务质量进行评价。

其评价指标分为用户评价指标和专家评价指标两种类型。评价指标包括模块项、指标项、内容描述及指标项分值等内容。用户评价指标设计投诉响应和投诉应对两个模块项，投诉响应模块包括投诉渠道、投诉受理两个指标项，以及渠道便利、响应及时、服务人员态度端正、受理信息反馈准确等指标要点；投诉应对模块包括处理时效、处理结果两个指标项，以及处理方案合理、信息透明、处置及时、结果满意等指标要点；专家评价指标包括投诉管理和投诉保障两个模块项，投诉管理模块包括制度规范、人员管理两个指标项，以及制度完善、流程合理、岗位职责清晰、考核制度明确等指标要点；投诉保障模块包括渠道管理、过程管理、措施改进三个指标项，以及渠道公示清晰、过程记录完整、记录保存规范、改进机制健全等指标要点。

《评价通则》团体标准制定了用户评价得分和专家评价得分的计算公式，依据公式计算出汽车用户投诉处理服务质量评价的总得分，将分值与评价等级对应，获得被评价对象的投诉处理服务质量评价等级，有利于汽车厂商对其经销商进行分级管理。评价等级定为5个等级，分别为五星级、四星级、三星级、达标级、不达标级，进一步明确了星级与非星级的区别，对质量评价给出了门槛要求，即五星级得分为90分（含）以上，四星级为80分（含）~90分，三星级为70分（含）~80分，达标级为60分（含）~70分，不达标级为低于60分（见图5-2）。

图片来源：凯睿赛驰咨询

图5-2　评价体系构成

三、质量评价流程：预防和控制的闭环管理

经销商或直营店作为汽车行业提供售后服务的服务性机构，提供优质服务，满足用户需求，提升用户满意度是长期追求的目标，ISO 23592：2021《优质服务　原则与模型》标准是优质服务领域的"母标准"。它指出，如果用金字塔模型区分服务的四个层次，用户的投诉管理位于金字塔模型的第二层，属于服务提供方需要满足的基本服务和核心服务，结合汽车售后服务领域，经销商通过汽车用户的投诉反馈，逐步完善管理、提升服务质量，进一步保障用户的满意度（见图5-3）。

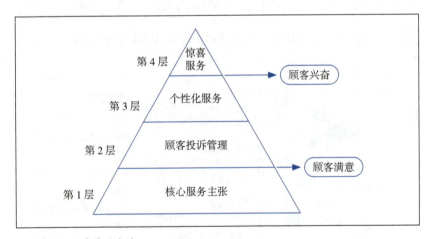

图片来源：凯睿赛驰咨询

图5-3　优质服务的金字塔模型

开展汽车用户投诉处理服务质量评价，是对汽车经销商售后服务质量闭环管理方式的全新探索，通过对服务过程、管理

过程、人员能力等多方面因素进行深入分析，解析影响投诉服务质量的主要因素。当用户对产品或服务质量产生不满时，汽车企业乃至终端服务商不仅需要为用户提供便捷的投诉渠道，更需要及时接收用户投诉信息。

厂商与终端服务商此后需要针对产品质量、服务质量等投诉信息开展问题分析，依据内部质量管理、过程管控、人员管理等标准，完善内部评价指标体系。通过企业自审，寻找造成用户不满意并产生投诉的诱因，再通过服务能力提升及服务模式创新，推动用户投诉问题能够及时、有效化解；在投诉处理解决过程中，终端服务商需要着眼于客企关系、处置方案、维修质量的指标，与用户进行有效沟通，在方案达成一致后完成高质量的维修（见图5-4）。

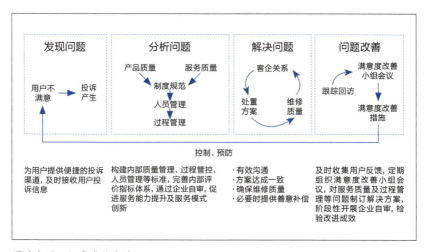

图片来源：凯睿赛驰咨询

图5-4　闭环管理

　　然而与用户达成和解，并非问题处理的重点，闭环管理的关键环节之一，就是"改善问题"环节。被评价方实施跟踪回访，组织满意度改善小组会议，制定满意度改善措施，以便对服务质量及过程管理等问题制订解决方案。阶段性开展企业自审，检验改进成效等，对相同投诉会起到积极的预防作用，也形成了服务能力、服务质量、管理体系建设的自我优化与完善的闭环控制。

　　《评价通则》团体标准，规定了汽车用户投诉处理服务质量评价的评价流程。由组建专家评价组、制订评价工作方案、开展用户和专家评价、确定评价等级及形成评价报告等步骤组成（见图5-5）。

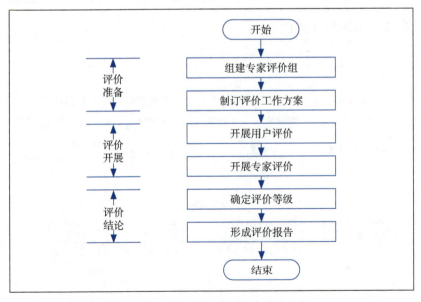

图片来源：《汽车用户投诉处理服务质量评价通则》团体标准

图5-5　评价流程

《评价通则》团体标准，企业利用用户评价及专家审核双重标准，实现了以用户体验为核心的结果满意度考察，实现了以过程管理为重点的管理体系及服务能力审核，有效解决了服务成效与企业管理不匹配问题；指标体系提供审查要点，为服务商优化、完善自身管理及服务提供方向指引，推动企业实现服务和管理模式的自我创新。

未来开展的投诉处理服务质量评价将以《汽车用户投诉处理服务质量评价通则》团体标准为依据，以标准化服务质量评价方法，诊断经销商或直营店在投诉处理服务中存在的问题，并及时反馈，为汽车厂商加强经销商管理提供标准化评价工具，为经销商加强质量管理、优化服务标准化体系、提升员工服务能力等寻找突破口。

参 考 文 献

[1] 谢福泉. 新加坡霖兴海事公司绩效管理的研究 [D]. 上海: 上海交通大学, 2010.

[2] 刘光焱. 建立危机管理机制提高应急处治能力 [J]. 赤子, 2014(3) : 2.

[3] 王莹. 丰田: 在危机中成长 [J]. 华北电业 , 2012 (4) : 2.

[4] T/CAS 673—2022，中国标准化协会.《汽车用户投诉处理服务质量评价通则》, 2022.

[5] 生修雯. 基于用户投诉管理的图书馆防御性管理策略 [J]. 图书馆建设, 2009 (4): 68–70.

[6] 邓传红. 供应链合作伙伴之间的双赢谈判 [J]. 商品储运与养护, 2006, 28(4):38–40.

[7] Chloe Moxi ZHANG. 汽车行业投诉管理及顾客满意影响因素研究 [M].上海: 上海交通大学, 2014.

[8] 程国亚. 烟草商业企业流程审计研究 [J]. 合作经济与科技, 2013(11):2.

[9] 刘令辉. 借力流程管理, 建高效培训业务管控体系 [J]. 中国电力教育, 2016(1):3.

[10] 王贤胜. 流程与制度 [J]. 粘接, 2012 (12):32–33.

[11] 黄伟. 现代媒体时代的危机公关应对 [J]. 中国民用航空, 2013(6):3.

[12] 刘林林. 国际商务谈判话语的言语行为分析 [D]. 浙江: 宁波大学, 2009.